250 CHAMPIGNONS DE FRANCE

LES RECONNAÎTRE & les cuisiner !

SUZAC éditions

Crédits photos : Wikimedia commons, AdobeStock

@suzac_editions
contact@suzac.fr
www.suzac.fr

Dépôt légal : août 2022
ISBN : 978-2-490795-39-0

Achevé d'imprimer : juillet 2022
Imprimé en UE

SOMMAIRE

INTRODUCTION **4**

RECONNAÎTRE LES CHAMPIGNONS **7**

Bolétales 8
Russulales 34
Tricholomatales 64
Cortinariales 111
Agaricales 139
Cantharellales 184
Géastrales 190
Phallales 192
Polyporales 194
Gomphales 207
Trémellales 212
Auriculariales 214
Pézizales 216
Eurotiales 235
Léotiales 236
Hélotiales 238
Licéales 240

TABLEAUX DE CONFUSIONS **242**

CUISINER LES CHAMPIGNONS **256**

Nettoyer sa récolte 257
Méthodes de conservation 258
Recettes 262

Glossaire 280
Index des espèces 282
Index des recettes 288

LES 5 COMMANDEMENTS DU CUEILLEUR DE CHAMPIGNONS

1 En cas de doute sur une espèce, faites appel à une personne qui s'y connaît vraiment (pharmacien ou société mycologique par exemple), vérifiez dans plusieurs guides mycologiques, ou renoncez à manger ce champignon que vous ne connaissez pas bien et qui « ressemble » à un que vous pensez connaître ! En matière de champignons, on n'est jamais trop prudent.

2 La cueillette des champignons est soumise à des règles qui varient selon les lieux où vous les ramassez. En France, une bonne partie des bois étant des propriétés privées, les champignons qui s'y trouvent appartiennent à leurs propriétaires. La majorité d'entre eux tolèrent la cueillette, pourvu qu'elle s'effectue dans des proportions raisonnables, mais respectez les panneaux l'interdisant.
Pour les autres forêts, selon qu'elles sont communales ou domaniales, qu'elles font partie de parcs nationaux ou régionaux, ou encore qu'elles se trouvent en zones protégées, il peut exister des conventions ou des arrêtés qui réglementent la cueillette. Renseignez-vous auprès de la préfecture ou de la mairie.

3 Côté matériel, munissez-vous de paniers, surtout pas de sacs en plastique ! Prenez aussi un couteau pour couper le pied des champignons. À ce sujet, tout le monde n'est pas d'accord, certains affirment qu'il faut laisser le mycélium dans le sol, d'autres assurent que ça le fait pourrir et qu'il vaut mieux arracher le champignon. Dans tous les cas, avant de ranger votre champignon dans le panier, vous avez intérêt à ôter la partie terreuse du pied. Vous aurez ainsi moins de nettoyage à faire de retour à la maison.

4 Si un champignon présente des moisissures, si les limaces l'ont en grande partie dévoré ou s'il est attaqué par les vers, laissez-le en place, même si c'est un cèpe. Un champignon pourri n'est pas comestible, et il vaut mieux le laisser disperser ses spores : il y en aura davantage l'année d'après...

5 N'abîmez pas les champignons que vous ne connaissez pas et qui feront peut-être le bonheur d'autres personnes. Ne détruisez pas non plus les champignons que vous connaissez, sous prétexte qu'ils sont toxiques : ils appartiennent à l'écosystème de la forêt, qu'il est important de respecter.

Forme du chapeau

Convexe

Sphérique

Mamelonné

Déprimé

Conique

En entonnoir

Forme du pied

Sinueux

Bulbeux

En massue

Grêle

RECONNAÎTRE
LES CHAMPIGNONS

BOLET RUDE

Leccinum scabrum

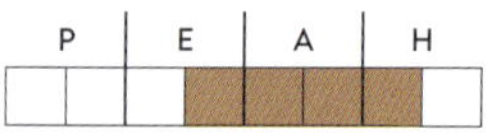

DESCRIPTION **Chapeau** de 4 à 15 cm, parfois 20 cm, d'abord hémisphérique, puis vite étalé. Cuticule veloutée par temps sec, légèrement brillante à l'humidité. Couleur assez variable allant du noisette au brun foncé. **Pores** blanchâtres, puis grisonnants. **Pied** blanchâtre orné de ponctuations brunes à noirâtres. **Chair** blanche, virant parfois au rose à la coupe, vite molle et spongieuse, noircissant à la cuisson.

BIOTOPE Feuillus, notamment les bouleaux, et conifères. Très courant.

COMESTIBILITÉ Comestible médiocre. Seul le chapeau se consomme, le pied étant trop coriace.

CONFUSIONS Avec des bolets de la même famille (bolet des chênes...) qui sont eux aussi comestibles.

BOLET ORANGÉ

Leccinum aurantiacum

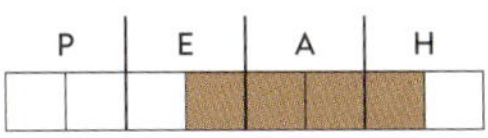

DESCRIPTION **Chapeau** de 5 à 20 cm, rouge brique à brun roux, d'abord globuleux et à peine plus large que le pied, qu'il emprisonne quand il est jeune, puis devenant convexe et s'étalant. **Pores** fins et blancs, devenant grisâtres avec l'âge. **Pied** de 10 à 15 cm de haut, élancé et épaissi à la base, couvert de mèches rouges ou brunâtres. **Chair** blanche virant au rosé puis au noirâtre à la coupe.

BIOTOPE Sous les feuillus (charmes, peupliers, bouleaux...). De l'été au début de l'hiver. Commun.

COMESTIBILITÉ Assez bon comestible lorsqu'il est consommé jeune (uniquement le chapeau). Ensuite, la chair devient trop molle. Elle noircit à la cuisson.

BOLET SATAN

Rubroboletus satanas

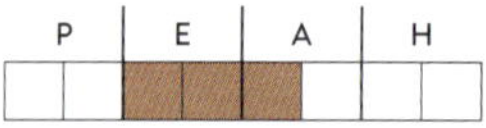

DESCRIPTION **Chapeau** de 15 à 25 cm, voire 30 cm, massif, à marge épaisse et enroulée. Revêtement velouté, blanchâtre à blanc-gris mat pouvant se tacher de noirâtre au toucher. **Pores** d'abord jaunes, puis rapidement rouges, bleuissants au toucher. **Pied** trapu et obèse, jaunâtre sous le chapeau et couvert d'un réseau rouge partout ailleurs. **Chair** blanchâtre légèrement bleuissante à la coupe, à odeur désagréable.

BIOTOPE Feuillus (chênes, hêtres, châtaigniers, charmes, mais aussi tilleuls ou noisetiers), surtout sur sols calcaires. Thermophile. De juin à septembre-octobre.

COMESTIBILITÉ Très toxique cru. Indigeste cuit. Provoque de sérieuses gasto-entérites.

BOLET À PIED ROUGE

Neoboletus erythropus

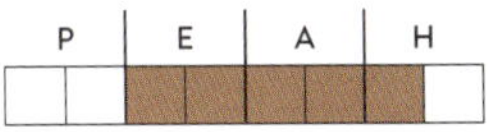

DESCRIPTION **Chapeau** de 10 à 20 cm, hémisphérique, souvent cabossé, brun châtain velouté. Au sec, il conserve son revêtement doux et velouté, mais après une période de bonnes pluies, il devient plutôt lisse et brillant, mais très vite sec. **Pores** rouge orangé, plus clairs vers la marge, bleuissant fortement jusqu'au noir au toucher. **Pied** robuste, non réticulé mais finement et densément ponctué de rouge sur fond jaune. **Chair** ferme, jaune intense bleuissant très fortement à la coupe.
BIOTOPE Bois clairs de feuillus (chênes notamment) ou mixtes. Souvent en lisière, sur terrain acides. De juin à fin octobre. Assez courant.
COMESTIBILITÉ Bon comestible cuit, toxique cru. Chair très ferme, rarement véreuse.

BOLET BRONZÉ

Boletus aereus

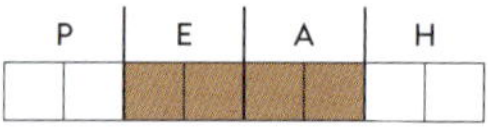

DESCRIPTION **Chapeau** de 5 à 20 cm, parfois jusqu'à 25 cm, hémisphérique puis convexe à largement étalé, souvent cabossé. Brun presque noir jeune, puis brun-rouge par endroits avec l'âge. **Pores** très fins, blancs devenant jaune-verdâtre. **Pied** trapu et ventru, beige clair à ocracé, couvert d'un subtil réseau plus clair. **Chair** toujours blanche, extrêmement ferme.

BIOTOPE Feuillus (chênes, hêtres, châtaigniers). Thermophile et héliophile. Surtout en région méditerranéenne. De juillet à octobre.

COMESTIBILITÉ Excellent comestible, très recherché.

CONFUSIONS Avec des formes foncées de *Boletus edulis* (cèpe de Bordeaux, p. 14).

CÈPE D'ÉTÉ

Boletus aestivalis

P E A H

DESCRIPTION **Chapeau** de 5 à 20 cm, ocre à chamois, visqueux par temps de pluie. **Pores** blancs, puis jaunes et enfin vert olive. **Pied** renflé à la base, grand et robuste, blanc à brun clair, à réseau fin et bien marqué sur la moitié supérieure. **Chair** blanche, assez molle.

BIOTOPE Bois clairs de feuillus (chênes, charmes, hêtres). En terrain siliceux, assez sec et bien aéré. De mai à fin septembre. Courant.

COMESTIBILITÉ Excellent comestible, mais la chair devient vite molle et est souvent attaquée par les vers et les limaces.

CONFUSION Souvent confondu avec *Boletus edulis* (cèpe de Bordeaux, p. 14), mais plus estival et sa cuticule n'est jamais visqueuse, même sous la pluie.

CÈPE DE BORDEAUX

Boletus edulis

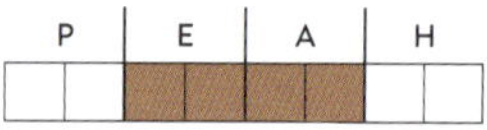

DESCRIPTION **Chapeau** de 5 à 25 cm, fauve à brun ocré plus ou moins foncé, visqueux par temps de pluie. Marge excédentaire, plus claire que le centre du chapeau. Forme hémisphérique chez le jeune lui donnant un aspect typique de bouchon de champagne. **Pores** blancs, passant par le jaune avant de devenir verdâtres. **Pied** imposant, bulbeux à la base, blanc à brun clair, à fin réseau sur la moitié supérieure. **Chair** épaisse, blanche, devenant rose sous la cuticule.

BIOTOPE Bois de feuillus, de conifères ou mixtes, avec une prédilection pour les endroits aérés et ensoleillés (bois clairs, lisières, bords de chemins...). Tous types de sols.

COMESTIBILITÉ Excellent comestible, surtout jeune.

BOLET À BEAU PIED

Caloboletus calopus

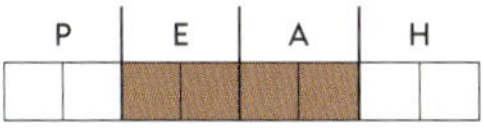

DESCRIPTION **Chapeau** de 5 à 20 cm, blanchâtre à gris brunâtre pâle. **Pores** fins, jaune vif, bleuissant au toucher et avec l'âge. **Pied** de forme assez variable, jaune pâle au sommet, rouge vif sur le reste du stipe, et brun-noir à la base. Réseau bien marqué, blanc en haut, rouge plus bas. **Chair** compacte, crème à jaunâtre, bleuissant légèrement à la coupe.

BIOTOPE Bois de résineux ou de feuillus. Sols plutôt acides. De juillet à octobre. Assez courant.

COMESTIBILITÉ Non comestible. Trop amer pour être consommé.

CONFUSIONS *Neoboletus erythropus* (bolet à pied rouge, p. 11) et *Boletus satanas* (bolet Satan, p. 10).

BOLET DE FIEL

Tylopilus felleus

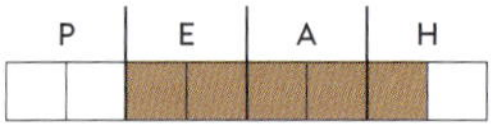

DESCRIPTION **Chapeau** de 8 à 15 cm, charnu, hémisphérique puis convexe, à cuticule gris-beige à brun pâle, sèche à veloutée. **Pores** irréguliers, blancs puis roses en vieillissant ou au toucher. **Pied** fusiforme, beige sale, couvert d'un réseau saillant brun à brun foncé. **Chair** blanche, brunâtre sous la cuticule.

BIOTOPE Bois de conifères mais aussi de feuillus. Terrains acides. De l'été jusqu'à la fin de l'automne. Fréquent.

COMESTIBILITÉ Non comestible, car terriblement amer.

CONFUSION *Boletus aestivalis* (cèpe d'été, p. 13) et *Boletus edulis* (cèpe de Bordeaux, p. 14), réseau clair sur fond plus foncé.

BOLET PRUINEUX

Xerocomellus pruinatus

P		E		A		H	
		■	■	■	■		

DESCRIPTION **Chapeau** jusqu'à 10 cm de diamètre, d'abord hémisphérique, puis convexe. Brun foncé à brun rougeâtre, parfois pratiquement noir. Cuticule veloutée, finement pruineuse. Marge souvent plus claire, jaune à jaune orangé. **Pores** jaune pâle à jaune, bleuissant ou non à la pression. **Pied** souvent robuste, jaune pâle à jaune citron, base devenant peu à peu rougeâtre, l'ensemble se couvrant de fines granulations rougeâtres. Bleuit à la pression. **Chair** rosée.

BIOTOPE Bois de feuillus ou de conifères. De juillet à novembre. Peu fréquent.

COMESTIBILITÉ Comestible médiocre, à éventuellement consommer quand il est très jeune et bien ferme.

BOLET À CHAIR JAUNE

Xerocomellus chrysenteron

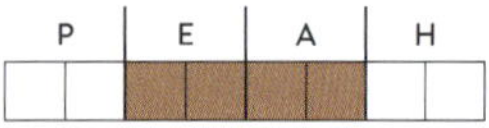

DESCRIPTION **Chapeau** de 5 à 10 cm, à cuticule veloutée se crevassant avec l'âge et laissant apparaître la chair. Couleur variable, allant du brun clair ou brun foncé, voire au rougeâtre. **Pores** jaune verdâtre bleuissant au toucher. **Pied** mince, court et cylindrique, jaune plus ou moins ponctué de taches rouges. **Chair** jaune vif, devenant rouge vineux au contact de l'air.

BIOTOPE Sous les conifères, plus rarement sous les feuillus (hêtres). Parfois aussi sur les souches. De juin à novembre. Très commun.

COMESTIBILITÉ Comestible médiocre, même jeune, car sa chair est beaucoup trop molle.

BOLET SUBTOMENTEUX

Xerocomus subtomentosus

P		E		A		H	

DESCRIPTION **Chapeau** de 5 à 12 cm, à cuticule toujours sèche, finement veloutée, peu ou non craquelée, jaune olivâtre à brun-jaune, parfois gercé. **Pores** larges, jaune vif verdissant avec l'âge, très légèrement bleuissant au toucher. **Pied** de la même couleur que les pores au sommet. **Chair** jaune pâle, immuable ou à peine bleuissante, rose rougeâtre à la base du pied.

BIOTOPE Bois de feuillus ou de conifères, et même parcs. Terrains plutôt acides. De juin à novembre. Fréquent.

COMESTIBILITÉ Comestible médiocre, dont la chair est assez molle à la cuisson.

CONFUSION *Xerocomellus chrysenteron* (bolet à chair jaune, p. 18).

BOLET BAI

Imleria badia

P	E	A	H

DESCRIPTION **Chapeau** de 3 à 12 cm, allant du café au lait jusqu'au châtain (bai) soutenu. Cuticule finement veloutée par temps sec, à peine visqueuse à l'humidité, lisse et luisante sur le tard. **Pores** anguleux, jaunes, verdissant au toucher. **Pied** de forme variable, jaune paille, parcouru de sillons jaunes et bruns sur la longueur. **Chair** blanchâtre, jaunâtre près des tubes, grisonnant à bleuissant à la coupe.
BIOTOPE Bois de conifères ou de feuillus (chênes, hêtres, châtaigniers). Terrains siliceux. De la fin d'été à l'automne. Très fréquent.
COMESTIBILITÉ Très bon comestible, à déguster jeune et uniquement le chapeau, le pied étant assez coriace. Attention, cette espèce concentre particulièrement la radioactivité.

BOLET POIVRÉ

Chalciporus piperatus

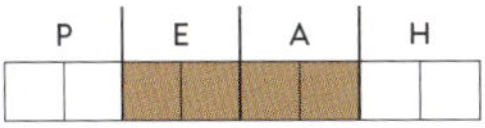

DESCRIPTION **Chapeau** de 3 à 8 cm, convexe puis s'étalant avec l'âge, cannelle à brun-jaune. **Tubes** légèrement décurrents. **Pores** larges, de la couleur du chapeau. **Pied** grêle, glabre ou un peu velouté, généralement courbé, jaune à brun-rouge, jaune vif à la base. **Chair** tendre, jaune safran.

BIOTOPE Par petits groupes dans les bois de conifères (pins, épicéas), mais aussi dans les plaques de mousse près des bouleaux et des chênes. De juin à novembre. Fréquent.

COMESTIBILITÉ Non comestible, son goût très poivré empêchant toute consommation.

CONFUSION *Suillus bovinus* (bolet des bouviers, p. 22).

BOLET DES BOUVIERS

Suillus bovinus

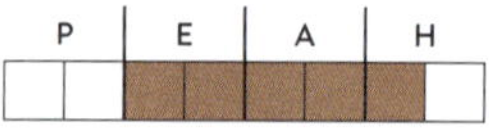

DESCRIPTION **Chapeau** de 5 à 10 cm, jaune-brun à fauve brunâtre, présentant souvent une bosse au centre. Fine cuticule entièrement séparable, mais tenace, luisante, visqueuse. **Pores** très larges et anguleux, jaune olivâtre, brunissant au toucher. **Pied** grêle souvent courbé, de couleur identique au chapeau, légèrement marbré d'ocre rose. **Chair** molle et élastique, crème à rosé.

BIOTOPE En troupes nombreuses, sous les conifères, surtout le pin sylvestre. Terrains siliceux, acides et humides. De juillet à novembre.

COMESTIBILITÉ Comestible médiocre, à chair élastique et souvent verrée. Saveur fade.

CONFUSION *Chalciporus piperatus* (bolet poivré, p. 21).

NONNETTE VOILÉE

Suillus luteus

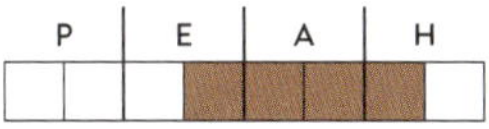

DESCRIPTION **Chapeau** de 5 à 12 cm, à cuticule lisse, brillante, visqueuse et facilement séparable, brune à brun-rouge. **Pores** jaunes, brunissant avec l'âge. **Pied** court et massif, blanchâtre à jaunâtre, plutôt granuleux vers le sommet. Anneau membraneux, ample, blanchâtre teinté de violet **Chair** épaisse, cotonneuse dans l'âge, blanchâtre, jaune vers les tubes, immuable à la coupe.

BIOTOPE En troupe de nombreux individus, toujours liée aux pins à deux aiguilles (pin sylvestre, pin maritime...). De la fin de l'été à l'automne, parfois même jusqu'aux premières fortes gelées Très commune.

COMESTIBILITÉ Très bon comestible. Ôter la cuticule et ne consommer que les jeunes exemplaires. **Attention :** laxatif violent pour certains.

BOLET GRANULEUX

Suillus granulatus

P	E	A	H

DESCRIPTION **Chapeau** de 4 à 14 cm, à cuticule visqueuse, collante, facile à séparer, beige jaunâtre à ocre brun. **Pores** jaune pâle, puis jaunâtres à jaune vif, exsudant des gouttes laiteuses chez les jeunes spécimens. **Pied** élancé, avec la partie inférieure parfois renflée, blanchâtre à jaunâtre, ponctué de granulations laiteuses et brunissantes. **Chair** blanchâtre à jaune pâle.

BIOTOPE En groupe sous les pins uniquement, généralement en terrain calcaire. De juillet à octobre. Très commun.

COMESTIBILITÉ Bon comestible. Retirer la cuticule visqueuse, qui peut se révéler laxative pour certains.

BOLET ÉLÉGANT

Suillus grevillei

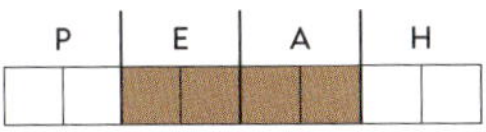

DESCRIPTION **Chapeau** de 7 à 15 cm, globuleux puis convexe, à cuticule difficilement séparable, visqueuse, jaune vif à jaune orangé plus ou moins roussâtre. Marge excédente, plus claire que reste du chapeau. **Pores** étroits, jaunes à roux, se tachant d'ocre au toucher. **Pied** granuleux portant un anneau persistant, reste du voile partiel, blanc puis jaune-brun. **Chair** jaune marbrée de rosâtre à la coupe, épaisse mais devenant rapidement molle.

BIOTOPE Inféodé au mélèze. Du mois de juillet au mois d'octobre, de la plaine à la moyenne montagne.

COMESTIBILITÉ Comestible très médiocre. Ôter la cuticule, bien trop visqueuse et laxative pour être consommée.

GOMPHIDE GLUTINEUX

Gomphidius glutinosus

P	E	A	H

DESCRIPTION **Chapeau** de 5 à 10 cm, à marge enroulée, brun clair plus foncé au centre, recouvert d'un voile transparent, gluant, épais et séparable **Lames** espacées, épaisses, très décurrentes dans l'âge, blanches virant progressivement au brun foncé. **Pied** légèrement renflé au centre, blanchâtre au sommet, jaune vif à la base, visqueux sauf au-dessus de la zone annulaire fibrilleuse. Tout le pied noircit avec l'âge. **Chair** molle et spongieuse, blanchâtre mais brunâtre sous la cuticule et jaune vif à la base du pied.

BIOTOPE Inféodé aux conifères (épicéa). Été-automne. Fréquent.

COMESTIBILITÉ Bon comestible. Mais sa chair noircit à la cuisson. Il faut éliminer la couche visqueuse à la récolte.

PAXILLE ENROULÉ

Paxillus involutus

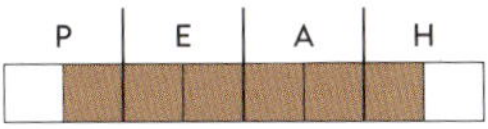

DESCRIPTION **Chapeau** de 5 à 15 cm, à cuticule séparable, jaunâtre à brune, avec quelques reflets rougeâtres. Marge très enroulée, épaisse, rayée de cannelures et feutrée. **Lames** inégales, très serrées, nettement décurrentes, fourchues, faciles à séparer, crème puis rouille, virant au brun au toucher. **Pied** variable, parfois excentré, de la même teinte que le chapeau, brunissant au toucher. **Chair** vite molle, jaunâtre, brun-rouge à la coupe.

BIOTOPE En troupes sous les conifères ou les feuillus (notamment bouleaux et peupliers). Terrains acides et frais. De mai à novembre.

COMESTIBILITÉ Longtemps considéré comme comestible, il extrêmement toxique, voire mortel, particulièrement s'il est cru.

PAXILLE À PIED NOIR

Tapinella atrotomentosa

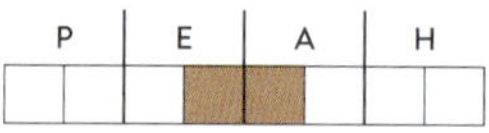

DESCRIPTION **Chapeau** de 5 à 25 cm, difforme, bosselé, à marge épaisse très enroulante. Cuticule facilement séparable, brun-roux à brun foncé, feutrée et douce au toucher. **Lames** sadnées, décurrentes, serrées et fourchues, fragiles, crème à jaunâtre, virant au brun rougeâtre à la pression. **Pied** épais, le plus souvent latéral en fonction l'insertion au support, feutré jusqu'aux lames d'un velours brun-noir. **Chair** blanchâtre, molle et spongieuse, très amère.

BIOTOPE Sur les souches et les bois pourrissants de conifères, notamment les épicéas, en touffes. De juillet à octobre. Assez fréquent.

COMESTIBILITÉ Non comestible, et même fortement suspecté de toxicité.

CLITOCYBE ORANGÉ

Hygrophoropsis aurantiaca

P		E		A		H	
			■	■	■		

DESCRIPTION **Chapeau** de 3 à 8 cm, convexe, puis vite creusé en entonnoir, jaune pâle à orange vif. Marge largement enroulée, feutrée, plus claire que le centre. **Lames** serrées, très décurrentes et fourchues, jaune orangé, parfois presque rouges avec l'âge. **Pied** grêle s'évasant sous les lames, concolore au chapeau, à base souvent noircie. **Chair** spongieuse, molle, jaune orangé, brunâtre dans le pied.

BIOTOPE Sous les conifères (plus rarement sous les feuillus), autour des vieilles souches. De juillet à novembre. Fréquent.

COMESTIBILITÉ Comestible sans intérêt. Éviter de le consommer cru.

CONFUSIONS *Omphalotus olearius* (clitocybe de l'olivier, p. 31). *Cantharellus cibarius* (girolle commune, p. 184).

CLITOCYBE ILLUSOIRE

Omphalotus illudens

P E A H

DESCRIPTION **Chapeau** de 10 à 20 cm, convexe jeune mais très vite étalé puis déprimé, jaune orangé. Marge ondulée, flexueuse. **Lames** très serrées, étroites, non fourchues, largement décurrentes, concolores au chapeau. **Pied** non séparable du chapeau, parfois sinueux, jaune pâle plus foncé vers la base. **Chair** orangée, élastique, à odeur forte plus ou moins désagréable.

BIOTOPE Souches de feuillus (chêne surtout), ou sur une racine enfouie, donnant l'impression d'un champignon terricole. Peu fréquent.

COMESTIBILITÉ Très toxique.

CONFUSIONS *Cantharellus cibarius* (girolle commune, p. 184) et *Hygrophoropsis aurantiaca* (clitocybe orangé, p. 29).

CLITOCYBE DE L'OLIVIER

Omphalotus olearius

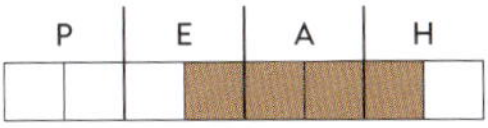

DESCRIPTION **Chapeau** de 5 à 15 cm, à marge enroulée, déprimé en entonnoir, finement rayé, jaune orangé à roux. **Lames** décurrentes et serrées, jaune doré ou orangé, phosphorescentes dans l'obscurité lorsque le sujet est âgé. **Pied** élancé et s'amincissant vers le bas, souvent excentré, nettement strié, un peu plus clair que le chapeau, taché de brun. **Chair** fibreuse et coriace, jaune safran.

BIOTOPE En grosses touffes à la base des troncs, sur les souches ou les racines enfouies des feuillus (chênes, oliviers, fruitiers sauvages). De l'été au début de l'hiver. Fréquent dans le sud de la France.

COMESTIBILITÉ Très toxique.

CONFUSION *Cantharellus cibarius* (girolle commune, p. 184).

SCLÉRODERME VERRUQUEUX

Scleroderma verrucosum

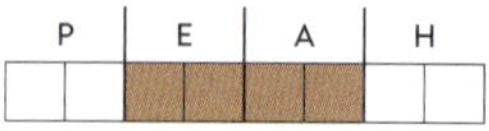

DESCRIPTION **Chapeau** de 3 à 8 cm de diamètre, en forme de sphère légèrement aplatie, blanchâtre à beige jeune, virant au brun-ocre à cuivré avec l'âge, couvert de granules plus ou moins fins selon la taille. **Pied** court et trapu, blanchâtre à ocre, fixé dans le sol par un réseau de mycélium assez dense. **Chair** blanche devenant brunâtre puis grisâtre. Mature, elle se transforme en spores brun grisâtre.

BIOTOPE Bois aérés de feuillus ou de conifères. Également dans les parcs et les jardins arborés. Du début de l'été à la fin de l'automne.

COMESTIBILITÉ Légèrement toxique. À éviter.

SCLÉRODERME COMMUN

Scleroderma citrinum

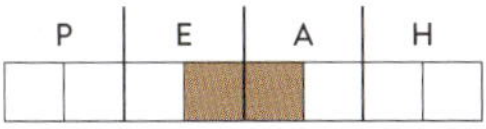

DESCRIPTION **Chapeau** de 3 à 12 cm, globuleux, comprimé au sommet et à la base. Cuticule constituée d'une enveloppe coriace de couleur crème à fauve, couverte de verrues écailleuses plus foncées. Absence de **pied** : ancré dans le sol par le mycélium. **Chair** blanche devenant noirâtre en vieillissant, puis pulvérulente, à odeur désagréable.

BIOTOPE Bois aérés de feuillus et de conifères, parfois aussi directement sur bois pourris, talus et chemins. Sur sols acides, sablonneux ou tourbeux. Du milieu de l'été à l'automne. Très commun.

COMESTIBILITÉ Non comestible pouvant se révéler toxique.

RUSSULE FÉTIDE

Russula foetens

P E A H

DESCRIPTION **Chapeau** de 5 à 15 cm, globuleux, puis largement étalé et déprimé, plutôt visqueux. Couleur générale ocre pâle, plus foncée et tachetée de rouille vers la dépression. Marge fortement striée, ocre jaune, roussissant ou brunissant avec l'âge. **Lames** blanches, virant au crème taché de roux, exsudant des gouttelettes par temps humide. **Pied** massif, atténué à la base, blanchâtre vers le haut, moucheté de roussâtre vers la base. **Chair** blanchâtre, ponctuée de rouille, à odeur désagréable.

BIOTOPE Bois de feuillus ou de conifères. De juin à octobre. Fréquente.

COMESTIBILITÉ Non comestible. Odeur peu agréable de corne brûlée, de plus en plus fétide avec l'âge. Saveur âcre.

RUSSULE DE FIEL

Russula fellea

P		E		A		H	
			■	■			

DESCRIPTION **Chapeau** de 5 à 10 cm, aplati et bosselé, à cuticule jaune ocre à chamois, visqueuse par temps humide. **Lames** minces et serrées, adnées, blanches puis jaunissant avec l'âge. **Pied** trapu et court, blanc puis jaunâtre, plus clair que le chapeau. **Chair** blanche et ferme à l'état jeune, à odeur de compote de pommes mais à saveur très âcre.

BIOTOPE Bois de feuillus (surtout hêtres), parfois de conifères. Terrain acide. De la fin de l'été à l'automne. Fréquente.

COMESTIBILITÉ Non comestible. Saveur particulièrement âcre et brûlante.

CONFUSION *R. ochroleuca* (russule ocre et blance, p. 36).

RUSSULE OCRE ET BLANCHE

Russula ochroleuca

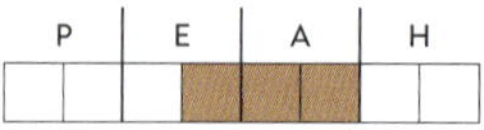

DESCRIPTION **Chapeau** de 4 à 12 cm, jaune paille à ocre vif, avec parfois des tons verdâtres. **Lames** minces et ventrues, blanchâtres. **Pied** ferme puis spongieux, blanc puis grisonnant, plus ou moins nervuré. **Chair** blanche et fragile, se cassant à la moindre pression.

BIOTOPE Principalement dans les bois de feuillus, mais aussi dans les bois de conifères et dans les bois mixtes. En montagne ou en plaine, sur sol siliceux. Très fréquent.

COMESTIBILITÉ Non comestible, sa saveur très âcre la rendant impropre à la consommation.

RUSSULE OLIVÂTRE

Russula olivacea

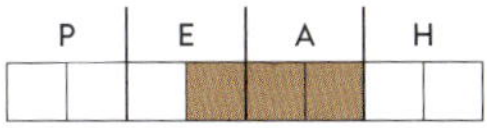

DESCRIPTION **Chapeau** de 8 à 15 cm voire plus, à cuticule mate creusée de sillons concentriques. Couleur variable, d'abord olivâtre devenant souvent nuancé de gris, de brun ou/et de pourpre. **Lames** adnées, assez serrées, crème jaunâtre à jaune plus intense à reflets orangés. Arêtes ponctuées de rouge, surtout vers la marge. **Pied** vigoureux mais cassant, très épais, ridé, blanc rosissant. **Chair** à odeur faiblement fruitée à florale.

BIOTOPE Bois de feuillus (notamment hêtres et chênes), mais aussi de conifères en altitude. Du début de l'été à la fin de l'automne. Très fréquente.

COMESTIBILITÉ Bon comestible à la saveur douce de noisette.

RUSSULE COMESTIBLE

Russula vesca

DESCRIPTION **Chapeau** de 5 à 10 cm, de coloration très variable, mais souvent rose vineux à marron-rouge, parfois marbré d'ochracé à rouille. Cuticule étroite faiblement ridée, ne couvrant pas la marge. **Lames** plus ou moins fourchues, blanches à crème, parsemées de petites taches rouille en veillissant. **Pied** plus ou moins massif, souvent attenué vers la base, blanc parfois teinté de rosâtre, se tachant de brunâtre à la base. **Chair** blanche et ferme.

BIOTOPE Bois de feuillus (chênes) ou de conifères. Préfère un sol acide et léger. De la fin du printemps à l'automne. Très fréquente.

COMESTIBILITÉ Bon comestible à saveur douceâtre.

CONFUSIONS Avec *Russula xerampelina* (russule feuille morte, p. 41) ou *Russula sardonia* (russule sardoine, p. 43).

RUSSULE ÉMÉTIQUE

Russula emetica

P E A H

DESCRIPTION **Chapeau** de 5 à 10 cm, rouge vif se décolorant parfois en rose, à marge lisse et légèrement cannelée. Cuticule lisse, brillante par temps humide. **Lames** libres, assez espacées, de couleur blanche parfois légèrement teintée de rosâtre. **Pied** élancé, fragile et cassant, blanc parfois jaunissant vers la base. **Chair** blanche, fragile.

BIOTOPE Sous les conifères (épicéas surtout) ou les feuillus (châtaigniers, chênes, bouleaux), dans les tourbières et les zones à sphaigne.

COMESTIBILITÉ Toxique. L'amertume de sa chair est telle qu'il est de toute façon préférable de l'éviter.

CONFUSIONS Avec d'autres russules rouges, mais aucune ne mérite d'être consommée.

RUSSULE JOLIE

Russula lepida

DESCRIPTION **Chapeau** de 5 à 12 cm, très dur et épais, à cuticule pruineuse à veloutée, se crevassant dans l'âge et au sec, rose à rouge vif. **Lames** serrées, résistantes puis cassantes, fourchues surtout près du pied, blanchâtres puis crème. **Pied** dur, blanc souvent largement taché de rose à rouge assez vif, ridé dans sa longueur, pruineux. **Chair** compacte, très dure, blanche, rose sous la cuticule, à odeur mentholée.

BIOTOPE Bois de feuillus (hêtres le plus souvent), mais parfois aussi sous les conifères. De juillet à l'automne. Assez fréquente.

COMESTIBILITÉ Comestible médiocre à odeur trop forte.

CONFUSION *R. emetica* (russule émétique, p. 41).

RUSSULE FEUILLE MORTE

Russula xerampelina

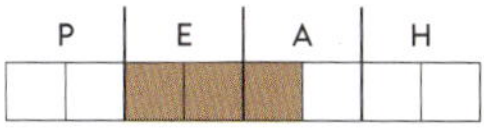

DESCRIPTION **Chapeau** de 5 à 10 cm, lisse et brillant, rouge-pourpre vif presque uniforme jeune, évoluant vers le noir au centre, très légèrement visqueux à l'humide. Marge mince, le plus souvent cannelée en vieillissant. **Lames** larges et fourchues, blanc crème, puis ocre pâle, parfois rose-rouge vers la marge. **Pied** ferme, blanc plus ou moins lavé par places de rose-rouge. **Chair** blanche brunissant au froissement, à odeur de crustacé ou de poisson.

BIOTOPE Bois de conifères (pins, épicéas). De juillet à octobre. Assez fréquente.

COMESTIBILITÉ Comestible médiocre, dont l'odeur de poisson est peu appétissante...

RUSSULE SANGUINE

Russula sanguinea

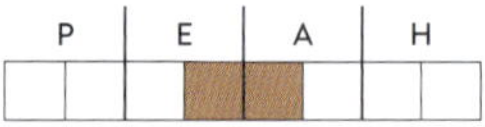

DESCRIPTION **Chapeau** de 3 à 10 cm, satiné, finement ridé, rouge sang ou rouge-pourpre, pâlissant ou se tachant d'ocre au centre. **Lames** étroites et serrées, décurrentes, d'abord crème, puis ocre à maturité. **Pied** de 3 à 8 cm, rouge-rose, virant vers l'ochracé avec le temps. **Chair** rose sous la cuticule, blanche ailleurs, épaisse, cassante, à saveur très piquante.

BIOTOPE Bois de conifères (surtout les pins), parmi les aiguilles et la mousse. De juillet à octobre. Peu fréquente.

COMESTIBILITÉ Toxique.

RUSSULE SARDOINE

Russula sardonia

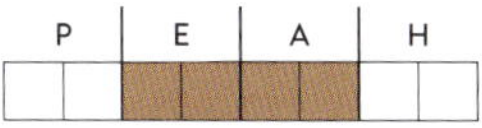

DESCRIPTION **Chapeau** de 4 à 10 cm, convexe, puis s'étalant avec un vague mamelon, charnu. Cuticule lisse et brillante, rouge vineux à pourpre ou violet foncé, plus sombre vers le centre, parfois tachée de vert. **Lames** fines et serrées, inégales, teintées de jaune clair, puis virant rapidement au jaune citrin. **Pied** d'aspect légèrement poudré, blanc souvent teinté de lilas pâle au rose grisâtre. **Chair** ferme, jaune sous la cuticule, blanche ailleurs.

BIOTOPE En groupes, principalement dans les bois de conifères, surtout dans les landes sablonneuses plantées de pins, plus rarement sous les feuillus. De l'été à l'automne. Très fréquente.

COMESTIBILITÉ Non comestible en raison de son goût très âcre.

RUSSULE COULEUR DE BELETTE

Russula mustelina

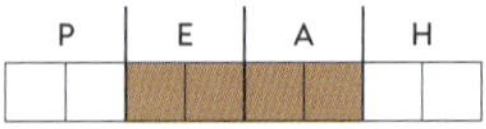

DESCRIPTION **Chapeau** de 7 à 12 cm, voire plus, parfois bosselé, à marge lisse, de couleur brun doré à brun roussâtre, à zones plus pâles en vieillissant. **Lames** adnées, larges et serrées, un peu fourchues, crème, puis se tachant de rouille. **Pied** trapu, ridé, blanchâtre, brunissant avec l'âge. **Chair** ferme, blanche à ocre sur les bords.

BIOTOPE Bois de conifères avec une prédilection pour les épicéas. Plus fréquente en altitude qu'en plaine. De juillet à novembre. Peu fréquente.

COMESTIBILITÉ Bon comestible, mais chair très dure.

RUSSULE VERT-DE-GRIS

Russula aeruginea

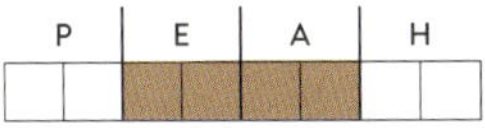

DESCRIPTION **Chapeau** de 5 à 15 cm, convexe, à marge lisse devenant légèrement striée avec l'âge et à fibrilles rayonnantes plus ou moins marquées. Cuticule olive à gris verdâtre, parfois piquetée d'ocre, plus foncée au centre. **Lames** fines et serrées, fourchues vers le pied, blanches se tachant d'ocre en vieillissant. **Pied** de 5 à 8 cm, ferme, s'amollissant ensuite, de couleur blanche se tachant d'ocre aux blessures. **Chair** blanche et ferme.

BIOTOPE Bois de feuillus ou mixtes plantés de bouleaux, parfois de conifères (épicéas), surtout en altitude. De juin à novembre. Fréquente.

COMESTIBILITÉ Suspectée de toxicité, des malaises gastriques ayant été signalés.

RUSSULE CHARBONNIÈRE

Russula cyanoxantha

P E A H

DESCRIPTION **Chapeau** de 5 à 15 cm, rayé de petites rides, à la tonalité très variable allant du violet au verdâtre, nuancée de bleu jaunissant. **Lames** serrées, grasses au toucher (lardacées), blanches parfois tachées de brunâtre dans l'âge. **Pied** épais et ferme, blanc parfois teinté de lilas et/ou taché de brun. **Chair** épaisse, blanche à blanc rosé.

BIOTOPE Bois de feuillus (surtout de hêtre) ou de conifères. De juin à novembre. Très commune.

COMESTIBILITÉ Très bon comestible, à saveur évoquant la noix.

CONFUSION *Amanita phalloides* (amanite phalloïde, p. 164), mais toujours avec une volve et un anneau.

RUSSULE NOIRCISSANTE

Russula nigricans

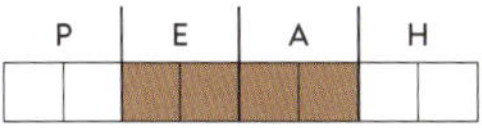

DESCRIPTION **Chapeau** de 8 à 20 cm, charnu, blanchâtre, puis vite gris-brun jusqu'à noirâtre. **Lames** épaisses, cassantes, très espacées, avec lamellules intercalaires, blanc crème jeune, puis colorées de jaune, de rouge et enfin de noir. **Pied** dur, cassant, blanc se teintant de gris puis de noir. **Chair** ferme, rougissant puis noircissant à la coupe.

BIOTOPE Bois de feuillus, de conifères ou mixtes, avec tout de même une préférence pour le chêne et le hêtre. De l'été à l'automne. Très fréquente.

COMESTIBILITÉ Comestible sans intérêt.

RUSSULE VERDOYANTE

Russula virescens

DESCRIPTION **Chapeau** de 5 à 12 cm, charnu, irrégulier et un peu bosselé, revêtu d'une mosaïque écailleuse. Cuticule blanc crème puis vert pâle à vert jade, surtout au centre **Lames** blanches présentant souvent un léger reflet rosé. **Pied** épais à ventru, blanc se tachant de brun à orangé à partir de la base. **Chair** blanche, dure et cassante.

BIOTOPE Bois clairs de feuillus, près des fougères ou dans l'herbe des clairières. Terrains secs à tendance acide. De juin à octobre. Fréquente.

COMESTIBILITÉ Très bon comestible. Sans conteste la meilleure des russules, mais sa chair est souvent attaquée par les vers.

CONFUSION *Amanita phalloides* (amanite phalloïde, p. 164), toujours avec une volve et un anneau.

LACTAIRE POIVRÉ

Lactarius piperatus

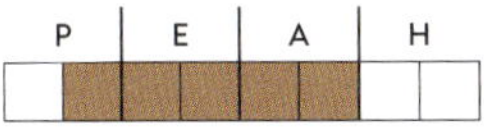

DESCRIPTION **Chapeau** de 7 à 15 cm, bosselé, se creusant rapidement en entonnoir, blanc crème vite ponctué de taches brun rouille. **Lames** très fines et serrées, blanchâtres, se tachant d'ocre aux blessures. **Pied** blanc, assez trapu. **Chair** blanche qui laisse s'écouler un lait de même couleur à la cassure. Elle prend alors une teinte jaune-vert pâle.

BIOTOPE Bois de feuillus ou mixtes. En groupes ou en cercles. Dès le mois de mai et jusqu'en octobre.

COMESTIBILITÉ Comestible très médiocre. On peut le dessécher et le réduire en poudre pour remplacer le poivre.

LACTAIRE PUBESCENT

Lactarius pubescens

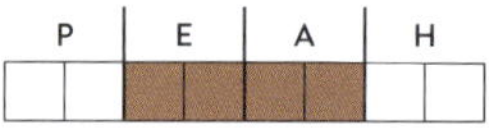

DESCRIPTION **Chapeau** de 3 à 10 cm, plus ou moins déprimé en entonnoir, charnu, blanchâtre à peine marqué de zones ocre clair, laineux. Marge fortement enroulée chez le jeune, également barbue et laineuse. **Lames** blanc crème puis rose très pâle, au lait blanc immuable sur le champignon, jaunissant au contact du coton. **Pied** court et trapu, de même couleur que le chapeau, parfois décoré de quelques scrobicules. **Chair** blanchâtre à reflets rose orangé.

BIOTOPE Pelouses herbeuses urbaines, sur sol calcaire, en relation directe avec les bouleaux. Plus rarement en forêt. Peu fréquent.

COMESTIBILITÉ Non comestible.

LACTAIRE À TOISON

Lactarius torminosus

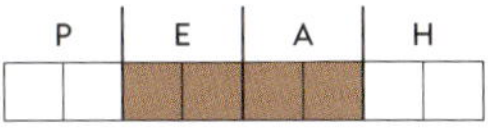

DESCRIPTION **Chapeau** de 5 à 10 cm, à marge enroulée, rose orangé, à zones concentriques plus foncées, à feutrage blanc laineux, surtout visible sur le bord chez les sujets jeunes. **Lames** fines et serrées, crème à rosâtres. **Pied** rapidement creux, duveteux, de même couleur ou plus pâle que le chapeau. **Chair** blanche, ferme, exsudant à la coupe un lait blanc très âcre.

BIOTOPE Essentiellement dans les bois de feuillus, appréciant la couverture des bouleaux. De juillet à novembre. Assez fréquent.

COMESTIBILITÉ Toxique, il provoqe de violentes coliques.

CONFUSIONS *Lactarius deliciosus* (lactaire délicieux, p. 55) et *Lactarius sanguifluus* (lactaire sanguin, p. 56).

LACTAIRE À LAIT JAUNE

Lactarius chrysorrheus

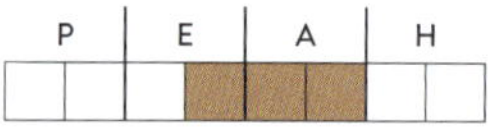

DESCRIPTION **Chapeau** de 4 à 10 cm, convexe, puis s'aplanissant avec une dépression centrale, à marge longtemps enroulée, puis ondulée en vieillissant. Cuticule orange pâle à orange-rose, à zones circulaires plus ou moins marquées. **Lames** blanc crème puis rose chair. **Pied** de même couleur ou plus clair, voire blanchâtre à zones orangées. **Chair** blanche, virant très vite au jaune vif à la coupe, de même que le lait abondant. Saveur amère, puis très âcre.

BIOTOPE Bois clairs de feuillus (chêne surtout). Sur sol calcaire. D'août à fin octobre.

COMESTIBILITÉ Toxique. Son lait aurait toutefois la propriété de guérir les verrues.

LACTAIRE VINEUX

Lactarius vinosus

P	E	A	H

DESCRIPTION **Chapeau** de 5 à 12 cm, orangé rougeâtre puis vineux violacé, rapidement verdissant, marqué de zones concentriques plus ou moins visibles. **Lames** rose vineux plus ou moins tachées de vert au toucher. **Pied** très court, brun violacé, typiquement couvert d'une pruine blanchâtre et creusé de petites scrobicules brun-rouge. **Chair** rouge vineux, au lait peu abondant de la même teinte.

BIOTOPE Sous les conifères, essentiellement les pins. Sur sol calcaire. Peu fréquent.

COMESTIBILITÉ Bon comestible.

LACTAIRE DE L'ÉPICÉA

Lactarius deterrimus

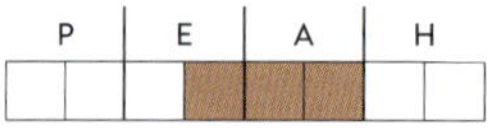

DESCRIPTION **Chapeau** de 4 à 10 cm, pruineux vers la marge, qui est enroulée. Cuticule peu zonée, faiblement ridulée, orangé pâle à orangé, verdissant progressivement. **Lames** orange, à zones devenant verdâtres, au lait orangé virant au rouge en une demi-heure. **Pied** orangé, avec une zone blanche sous les lames. **Chair** blanc orangé devenant rouge vineux après la coupe.

BIOTOPE Uniquement sous les épicéas. D'août à novembre. Fréquent.

COMESTIBILITÉ Comestible médiocre, à saveur amère à résineuse.

CONFUSION *Lactarius deliciosus* (lactaire délicieux, ci-contre), au chapeau plus orangé vif, verdissant moins facilement, et dont le lait reste invariablement orangé.

LACTAIRE DÉLICIEUX

Lactarius deliciosus

P	E	A	H

DESCRIPTION **Chapeau** de 5 à 15 cm, orangé, couvert d'une pruine blanchâtre, se tachant de vert sombre avec l'âge et marqué de zones concentriques plus foncées. **Lames** fines et serrées, orange, verdissant lentement au toucher. **Pied** trapu, creux, orangé, souvent ponctué de fossettes de couleur plus foncées sur un fond pruineux blanchâtre. **Chair** rouge carotte, exsudant un lait orange vif à la cassure.

BIOTOPE Bois de conifères (pins notamment). Sol acide et humide. Très fréquent.

COMESTIBILITÉ Bon comestible jeune. Il est toutefois moins savoureux que son cousin le lactaire sanguin.

CONFUSIONS *Lactarius deterrimus* (lactaire de l'épicéa, p. 54).

LACTAIRE SANGUIN

Lactarius sanguifluus

P E A H

DESCRIPTION **Chapeau** de 5 à 13 cm, zoné, roux ou plus pourpré, légèrement verdissant. **Lames** rosâtres à orangé pâle, à reflets violacés, brunissant puis verdissant au frottement. **Pied** pruineux, de même couleur que le chapeau, plus clair vers le sommet, à stries rougeâtres. **Chair** exsudant un lait rouge sang à vineux (verdissant ensuite).

BIOTOPE Bois de conifères, surtout les pins. Thermophile, il est surtout méridional. D'octobre à décembre.

COMESTIBILITÉ Excellent comestible. Considéré comme le meilleur des lactaires.

CONFUSION *L. deliciosus* (lactaire délicieux, p. 55), au chapeau de couleur plus vive, et surtout au lait orange vif.

LACTAIRE À LAIT BRÛLANT

Lactarius pyrogalus

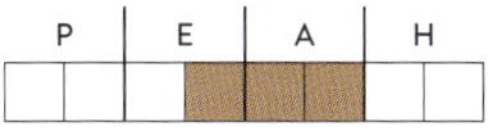

DESCRIPTION **Chapeau** de 5 à 10 cm, jaune orangé à ocre verdâtre, parfois plus soutenu vers le centre, à cercles concentriques peu ou pas marqués. **Lames** espacées, crème à rose orangé. **Pied** courbé, atténué vers la base, de même couleur ou un peu plus clair que le chapeau .**Chair** blanche à abondant lait blanc parfois jaunissant.

BIOTOPE Bois et taillis de feuillus (notamment noisetiers). D'août à novembre. Assez fréquent.

COMESTIBILITÉ Suspecté de toxicité. Sa saveur particulièrement âcre le rend de toute façon impropre à la consommation.

LACTAIRE TRÈS FAUVE

Lactarius fulvissimus

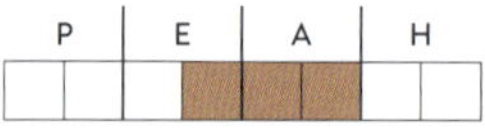

DESCRIPTION **Chapeau** de 4 à 7 cm, ocre à fauve orangé vif, devenant plus clair à la marge. **Lames** légèrement décurrentes, fines et serrées, entrecoupées de lamelles et lamellules, de couleur crème virant à l'ocre aux blessures. **Pied** cylindrique, nervuré, souvent atténué vers la base, de même couleur ou plus clair que le chapeau, plus pâle au sommet. **Chair** crème, exsudant un lait blanc immuable.

BIOTOPE Bois de feuillus (notamment charme et châtaignier), parfois sous les conifères (épicéa). Sol calcaire. De la fin de l'été à la fin de l'automne. Peu fréquent.

COMESTIBILITÉ Comestible sant intérêt à cause de l'amertume de sa chair.

LACTAIRE TRANQUILLE

Lactarius quietus

P		E		A		H	
			■	■	■		

DESCRIPTION **Chapeau** de 3 à 9 cm, roux-brun à rouille, très peu zoné, à surface comme ridée et marge ondulée lisse ou légèrement striée. **Lames** minces et serrées, crème devenant rousses tachées de brunâtre. **Pied** de même couleur ou un peu plus foncé que le chapeau, surtout à la base. **Chair** blanchâtre à crème, roussissant avec l'âge. Odeur désagréable de punaise des bois.

BIOTOPE Bois de feuillus (principalement les chênes). Sol acide. Du milieu de l'été et jusqu'à la fin de l'automne. Très fréquent.

COMESTIBILITÉ Comestible sant intérêt à cause de l'amertume de sa chair.

LACTAIRE MUQUEUX

Lactarius blennius

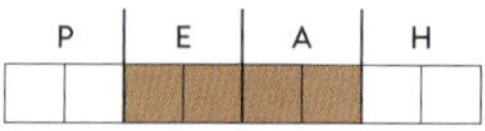

DESCRIPTION **Chapeau** de 5 à 10 cm, tbrun verdâtre à gris verdâtre, souvent taché de zones plus sombres sur la marge légèrement enroulée, visqueux à l'humidité. **Lames** fines et serrées, blanches, devenant grisâtres au froissement. **Pied** solide, de même couleur que le chapeau ou plus clair, également visqueux à l'humidité. **Chair** blanchâtre au lait abondant de couleur blanche virant au verdâtre en séchant.

BIOTOPE Bois de feuillus essentiellement (particulièrement les hêtres). Du début de l'été et jusqu'à l'automne. Très fréquent.

COMESTIBILITÉ Comestible sans intérêt, tant sa saveur est amère.

LACTAIRE COMMUN

Lactarius trivialis

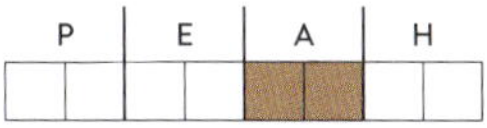

DESCRIPTION **Chapeau** de 8 à 19 cm, légèrement déprimé, charnu, visqueux, beige à brun lilas, zoné. **Lames** légèrement décurrentes, crème puis ocre, parfois tachetées de jaune verdâtre. **Pied** creux mais gorgé d'eau, blanchâtre à crème marqué de taches plus sombres. **Chair** compacte, blanchâtre, au lait abondant devenant gris-vert en séchant.

BIOTOPE Places humides, dans les sphaignes ou les tourbières marécageuses des bois mêlés, sous les bouleaux, les pins et les épicéas. Automne. Assez fréquent.

COMESTIBILITÉ Comestible médiocre, à cause de sa saveur un peu âcre.

LACTAIRE PLOMBÉ

Lactarius plumbeus

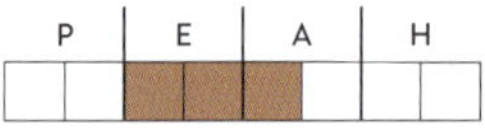

DESCRIPTION **Chapeau** de 5 à 15 cm, visqeux, brun olive presque noirâtre au centre, plus brun verdâtre au bord, parcouru de taches concentriques. Marge longtemps et fortement enroulée, couverte de poils. **Lames** irrégulières, serrées, crème à reflets verdâtres, brunissant sur l'arête et au froissement. **Pied** court et épais, visqueux, un peu plus pâle que le chapeau. **Chair** dure et épaisse, blanchâtre, brunissant légèrement à la coupe, au lait blanc virant au brun verdâtre, très âcre.

BIOTOPE Bois mixtes et humides, près des bouleaux. Sol acide. De juillet à fin octobre. Fréquent.

COMESTIBILITÉ Non comestible, peut-être même toxique.

LACTAIRE COULEUR DE POIX

Lactarius picinus

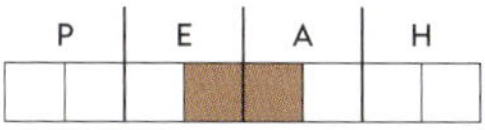

DESCRIPTION **Chapeau** de 5 à 12 cm, velouté, lisse à ridulé, brun plus ou moins sombre, avec parfois des zones plus claires. **Lames** crème ochracé à reflet rosé, immuables. **Pied** solide et trapu, de même couleur que le chapeau ou plus clair, avec les extrémités blanches. **Chair** ferme et blanchâtre, orangé pâle à rosée à la coupe. Lait âcre, blanc virant au rouge ou au saumon en séchant sur les lames.

BIOTOPE Bois mixtes et forêts d'épicéas. D'août à octobre. Fréquent.

COMESTIBILITÉ Comestible sans intérêt.

MYCÈNE À PIED STRIÉ

Mycena polygramma

P	E	A	H

DESCRIPTION **Chapeau** de 2 à 5 cm, brun foncé devenant grisâtre au sec, surtout à la marge. Mamelon très net, marge fine striée ou ridée. **Lames** blanches, puis grises, souvent tachées de brun-rouge avec l'âge. **Pied** grêle et long, rigide et coriace, blanc argenté à gris ardoisé, finement strié sur toute sa longueur, dont la base est couverte de poils blanchâtres. **Chair** très fine, blanchâtre, sans odeur ni saveur.

BIOTOPE En touffes sur le bois mort et les souches de feuillus (chêne notamment). De juin à novembre. Très fréquent.

COMESTIBILITÉ Sans intérêt.

MYCÈNE EN CASQUE

Mycena galericulata

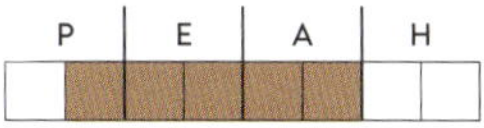

DESCRIPTION **Chapeau** de 2 à 7 cm, strié jusqu'au centre, crème à gris-brun, s'éclaircissant généralement vers la marge. Net mamelon, marge striée et cannelée. **Lames** peu serrées, ventrues, typiquement veinées, blanchâtres puis prenant des reflets rosés. **Pied** raide, rigide, coriace, concolore au chapeau, mais plus brunâtre vers la base, qui est feutrée de poils blancs. **Chair** peu épaisse, blanchâtre, à très légère odeur de farine.

BIOTOPE En touffes sur les souches et le bois pourrissant de feuillus. De mai à novembre. Très fréquent.

COMESTIBILITÉ Sans intérêt.

MYCÈNE INCLINÉ

Mycena inclinata

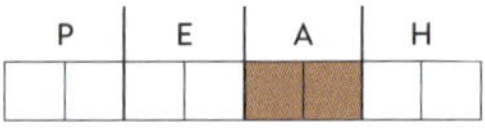

DESCRIPTION **Chapeau** de 2 à 5 cm, brun-roux à gris-marron, plus foncé au centre et plus clair vers la marge, qui est dentelée et nettement striée. **Lames** crème devenant gris-marron. **Pied** fin, blanchâtre au sommet, devenant roux à roux intense vers la base, souvent penché. **Chair** blanchâtre, dégageant une nette odeur de cire chauffée ou de graisse rance.

BIOTOPE En touffes sur la mousse des vieilles souches de chênes et de châtaigniers. De septembre à décembre. Très fréquent.

COMESTIBILITÉ Non comestible.

MYCÈNE SANGUINOLENT

Mycena sanguinolenta

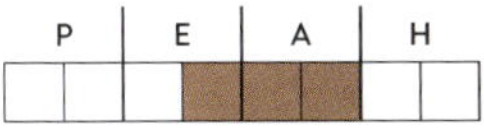

DESCRIPTION **Chapeau** de 5 mm à 3 cm, conique ou en forme de cloche, à marge fortement striée par transparence, fragile, rosâtre à brun-rouge devenant plus foncé vers le centre. **Lames** espacées, rosâtres à arêtes soulignées de brun-rose foncé. **Pied** assez long (de 7 à 13 cm) et très mince (2 mm), brun légèrement rougeâtre, à lait rouge sombre peu abondant à la cassure.

BIOTOPE Écorce en décomposition, débris ligneux enterrés, mousse des bois de feuillus ou mixtes. D'août à novembre. Très fréquent.

COMESTIBILITÉ Sans intérêt.

MYCÈNE ROSE

Mycena rosea

DESCRIPTION **Chapeau** de 3 à 7 cm avec un net mamelon, brillant, hygrophane, plus ou moins rose vif plus pâle au centre. Marge blanchâtre très mince, aux bords striés par transparence. **Lames** échancrées, espacées et irrégulières, blanchâtres ou rosées. **Pied** cylindrique, s'élargissant vers la base, blanc pour rose pâle. **Chair** blanche à lilas pâle, à goût et odeur de rave peu agréable.

BIOTOPE Bois de feuillus (hêtre), parfois sous les conifères. De juin à novembre. Très fréquent.

COMESTIBILITÉ Toxique, il contient de la muscarine, comme l'amanite tue-mouches et certains inocybes et clitocybes toxiques.

MYCÈNE PUR

Mycena pura

P		E		A		H	

DESCRIPTION **Chapeau** de 2 à 4 cm, à léger mamelon, brillant, hygrophane, de couleur très variable allant du blanchâtre au violacé en passant par le gris et le rose, pâlissant par temps sec. **Lames** blanches à peine rosées. **Pied** fragile, cylindrique, s'élargissant vers la base, légèrement strié, faiblement pruineux au sommet, concolore au chapeau ou légèrement plus foncé. **Chair** blanche à lilas pâle, à odeur de radis.

BIOTOPE En groupes ou isolé, dans les bois de feuillus, de conifères ou mixtes. De juin à décembre. Très commune.

COMESTIBILITÉ Toxique.

CONFUSIONS *Laccaria amethystina* (clitocybe améthyste, p. 92) et *L. laccata* (clitocybe laqué, p. 91).

MYCÈNE À FRANGES

Mycena epipterygia

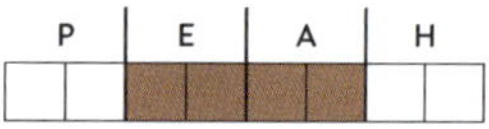

DESCRIPTION **Chapeau** de 1 à 2 cm, de couleur pâle, jaune à brun-jaune s'éclaircissant vers la marge striée et frangée, recouvert d'un film gélatineux détachable. **Lames** fines, espacées, blanches à jaune très pâle, paraissant légèrement fluorescentes dans l'obscurité. **Pied** long et mince, visqueux, translucide, jaune à verdâtre. **Chair** jaunâtre.

BIOTOPE Mousse et litière des zones humides des bois de conifères ou de feuillus, landes. Sol acide. De juillet à novembre. Fréquent.

COMESTIBILITÉ Sans intérêt.

MARASME DES RAMILLES

Marasmiellus ramealis

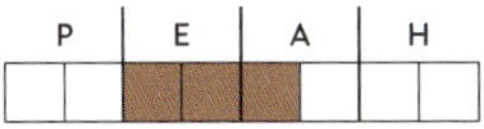

DESCRIPTION **Chapeau** de 0,5 à 1,5 cm, blanc rosâtre devenant ocre clair vers le centre, à cuticule souvent ridée et à marge incurvée légèrement striée. **Lames** épaisses, blanches, espacées et irrégulières. **Pied** court (2 à 3 cm), filiforme et souvent courbé, finement floconneux, brun pâle, brun-rouge à noir à la base.

BIOTOPE En larges colonies sur les branches et brindilles tombées à terre de feuillus, plus rarement de conifères. De juin à octobre. Très fréquent surtout en période fortement humide.

COMESTIBILITÉ Sans intérêt, trop petit.

MARASME À ODEUR D'AIL

Marasmius alliaceus

DESCRIPTION **Chapeau** de 1 à 4 cm, rayé par transparence, beige grisâtre à brun foncé, s'éclaircissant avec l'âge. Marge striée, plus claire que le reste du chapeau. **Lames** blanchâtres, vite grisonnantes. **Pied** très long (jusqu'à 20 cm) et mince (de 1 à 3 mm), raide, noirâtre, velu vers la base. **Chair** à forte odeur et saveur d'ail.

BIOTOPE Feuilles mortes, restes de bois de feuillus enterrés, vieilles souches de hêtres. De juin à décembre. Assez commun localement.

COMESTIBILITÉ Sans intérêt, mais peut servir de condiment une fois séché.

MARASME DES ORÉADES

Marasmius oreades

P E A H

DESCRIPTION **Chapeau** de 2 à 8 cm, crème à fauve, plus foncé par temps humide, à large mamelon. **Lames** larges et épaisses, espacées, crème. **Pied** grêle, souvent renflé et cotonneux à la base, concolore au chapeau vers la base et aux lames vers le sommet.

BIOTOPE Prés humides, pelouses, pâtures, bords de sentiers... en ronds de sorcières. De mai à octobre. Très fréquent.

COMESTIBILITÉ Excellent comestible. Ôter le pied, très coriace et élastique.

CONFUSIONS *Clitocybe dealbata* (clitocybe blanchi, p. 85).

COLLYBIE DES CHÊNES

Gymnopus dryophilus

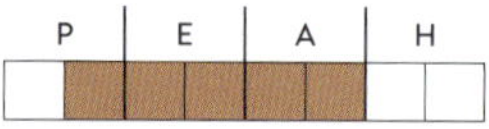

DESCRIPTION **Chapeau** de 3 à 6 cm, habituellement jaune orangé clair, mais de couleurs souvent zonées allant du crème ochracé au brun-jaune clair, voire roux, plus pâle par temps sec. Marge lisse devenant ondulée en vieillissant. **Lames** serrées, blanchâtres à crème. **Pied** finement rainuré, de même couleur ou plus foncé que le chapeau, mais plus clair vers le sommet, parfois légèrement épaissi voire bulbeux vers la base. **Chair** blanchâtre.

BIOTOPE Bois de feuillus, bois mixtes, mais aussi les landes, plus rarement les conifères, appréciant particulièrement la présence des chênes. De mai à décembre. Très fréquente.

COMESTIBILITÉ Non comestible.

MARASME POIVRÉ

Gymnopus peronatus

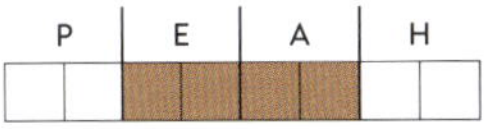

DESCRIPTION **Chapeau** de 3 à 6 cm, peu charnu et plutôt flasque, ochracé roussâtre à l'humidité, pâlissant par le sec, à marge légèrement striée. **Lames** larges, peu serrées, jaune ocre devenant roux clair à la fin. **Pied** fibreux et coriace, souvent courbé, à poils jaunâtres hérissant la base. **Chair** mince et coriace, jaune pâle, à saveur brûlante après quelques instants de mastication.

BIOTOPE En troupes parmi les feuilles mortes (surtout de hêtres), plus rarement les aiguilles de conifères. De juin à novembre. Fréquent.

COMESTIBILITÉ Comestible. Attention, la saveur très poivrée fait qu'on ne le consomme qu'après l'avoir séché et réduit en poudre, comme condiment.

COLLYBIE BEURRÉE

Rhodocollybia butyracea

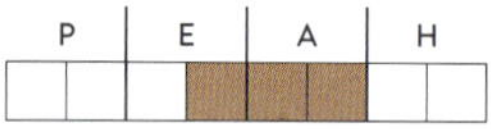

DESCRIPTION **Chapeau** de 4 à 8 cm, presque toujours avec un mamelon, très lisse, gras au toucher, brun foncé à marge plus claire, striée par transparence. **Lames** serrées et larges, blanches puis devenant crème pâle. **Pied** élancé, s'épaississant vers la base bulbeuse, qui est enveloppée d'un fin coton blanc. **Chair** blanchâtre. Au toucher, elle donne l'impression d'être grasse, comme si on palpait du lard, ce qui explique son surnom.

BIOTOPE Bois de feuillus, de conifères, ou mixte. D'août à décembre s'il ne gèle pas. Très fréquente.

COMESTIBILITÉ Sans saveur particulière, donc sans intérêt.

COLLYBIE À PIED EN FUSEAU

Gymnopus fusipes

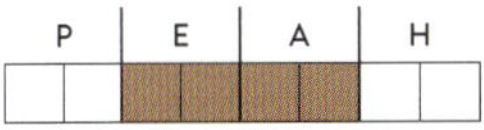

DESCRIPTION **Chapeau** de 3 à 10 cm, à mamelon plus ou moins net, fauve à brun-roux, ponctuée de taches rouilles avec l'âge. **Lames** épaisses, très espacées, sinueuses, blanches puis se salissant de rose et de poncutations rouille. **Pied** renflé au centre, cannelé sur toute la longueur, brun rougeâtre, presque noir en bas, plus clair sous le chapeau. **Chair** blanchâtre dans le chapeau, plus foncée dans le pied.

BIOTOPE Au pied des chênes, hêtres et châtaigniers, sur des souches, en touffes. De juin à novembre.

COMESTIBILITÉ Chapeau comestible jeune. Attention toutefois, a provoqué des troubles gastriques chez certains.

MUCIDULE VISQUEUSE

Oudemansiella mucida

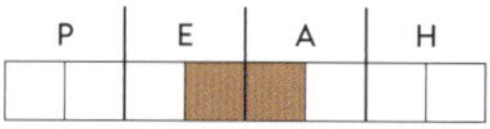

DESCRIPTION **Chapeau** de 3 à 10 cm, d'un blanc pur devenant blanchâtre ou rosissant avec le temps, recouvert d'un mucus épais et visqueux, translucide, à marge striée. **Lames** espacées, blanches, se prolongeant sur le pied en stries. **Pied** visqueux, blanc, strié au dessus de l'anneau, parfois foncé au-dessous. Anneau membraneux vite pendant. **Chair** très mince, sans saveur ou odeur particulière.

BIOTOPE Branches mortes et souches de feuillus, notamment de hêtres, parfois aussi sur les blessures de ceux-ci. En touffes. D'août à octobre. Très fréquente.

COMESTIBILITÉ Comestible sans intérêt.

COLLYBIE RADICANTE

Hymenopellis radicata

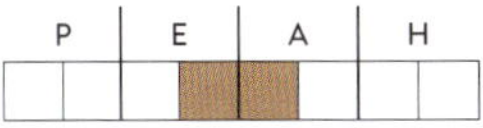

DESCRIPTION **Chapeau** de 5 à 20 cm, très variable, visqueux, ridé autour du mamelon, de couleur brune, parfois plus claire à blanc. **Lames** larges, blanches. **Pied** radicant, mince (1 cm au maximum) et très long (jusqu'à 25 cm), raide, légèrement renflé à la base, de même couleur que le chapeau, sauf au sommet, plus clair à blanchâtre. **Chair** blanche, mince.

BIOTOPE Bois de feuillus, plus rarement de conifères, généralement sur souches de hêtres ou à terre, en relation avec des débris ligneux. De juillet à octobre. Fréquente.

COMESTIBILITÉ Comestible sans intérêt, car coriace et sans valeur culinaire particulière.

CYSTODERME AMIANTACÉ

Cystoderma amianthinum

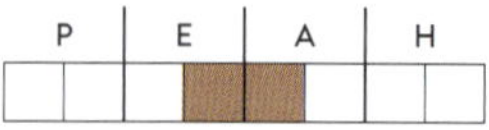

DESCRIPTION **Chapeau** de 2 à 5 cm, avec mamelon bien marqué, ridé et/ou granuleux, jaune clair à roux orangé, généralement plus soutenu au centre. Marge méchuleuse. **Lames** fines et peu espacées, blanchâtres à jaunâtres. **Pied** recouvert de fins flocons jusqu'à la limite de l'armille, puis lisse au sommet, de même couleur que le chapeau.

BIOTOPE Bois de feuillus ou de conifères, souvent sur la mousse, préférant les sols acides. D'août à novembre. Fréquent.

COMESTIBILITÉ Comestible sans intérêt.

HYGROPHORE BLANC DE NEIGE

Cuphophyllus virgineus

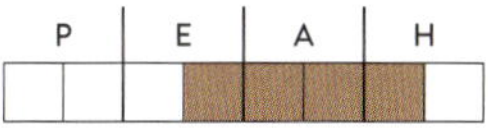

DESCRIPTION **Chapeau** de 1 à 5 cm, faiblement visqueux à l'humidité, blanc pur parfois taché de zones ocres à rosâtres pâles. Marge striée par transparence. **Lames** blanches très espacées, décurrentes. **Pied** lisse, parfois sinueux, blanc légèrement rosissant vers la base.

BIOTOPE Prairies naturelles, pelouses, parcs, places herbues des bois aérés, bords des chemins... En groupes. D'août à janvier. Fréquent.

COMESTIBILITÉ Très bon comestible, mais il est peu charnu.

CONFUSIONS *Clitocybe dealbata* (clitocybe blanchi, p. 85).

HYGROPHORE BLANC D'IVOIRE

Hygrophorus eburneus

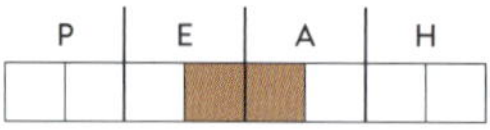

DESCRIPTION **Chapeau** de 3 à 8 cm, à léger mamelon, blanc pur puis crème, extrêmement visqueux. Marge enroulée chez les jeunes sujets. **Lames** espacées, légèrement décurrentes, blanches à crème. **Pied** élancé, souvent coudé à la base, de même couleur que le chapeau, visqueux, avec quelques gouttelettes au sommet. **Chair** blanche peu épaisse.

BIOTOPE Bois de feuillus, surtout hêtres. Terrain neutre ou calcaire. De septembre à novembre. Fréquent

COMESTIBILITÉ Comestible sans intérêt en raison de sa visquosité.

HYGROPHORE DE MARS

Hygrophorus marzuolus

DESCRIPTION **Chapeau** de 4 à 12 cm, déformé dans l'âge, légèrement visqueux, blanchâtre jeune, puis gris pâle à gris sombre. **Lames** espacées, épaisses, blanc terne puis grisâtres. **Pied** robuste, gris blanchâtre plus foncé au sommet, rayé longitudinalement. **Chair** épaisse et ferme, blanche.

BIOTOPE Bois de conifères, parfois bois mixtes (hêtres, châtaigniers). En groupes, à partir de 700 m d'altitude. De février à mai.

COMESTIBILITÉ Excellent comestible. Sa rareté inclinera l'amateur a le laisser en place.

HYGROPHORE CONIQUE

Hygrocybe conica

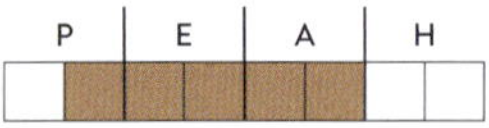

DESCRIPTION **Chapeau** de 2 à 5 cm, conique et assez pointu, à marge ondulée souvent fendue. Cuticule légèrement visqueuse, jaune à rouge orangé, noircissant en vieillissant et au toucher. **Lames** épaisses, jaune pâle à jaune orangé, devenant noires sur l'arête. **Pied** jaune à rougeâtre, généralement plus pâle vers la base, noircissant. **Chair** blanc jaunâtre, noircissant à la pression.

BIOTOPE Jardins, pelouses et surfaces herbues en général, ainsi que sur les dunes littorales. Dès mai, mais surtout l'été et en automne. Fréquent.

COMESTIBILITÉ Toxique.

CLITOCYBE BLANCHI

Clitocybe dealbata

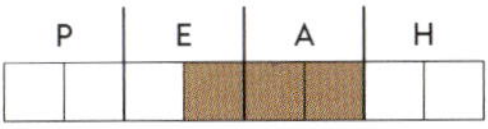

DESCRIPTION **Chapeau** de 2 à 6 cm, convexe puis aplati et souvent déprimé, d'aspect satiné ou givré, à marge enroulée devenant ondulée, blanc parfois teinté de crème, de beige ou légèrement roussissant. **Lames** légèrement décurrentes, blanchâtres puis ocre pâle. **Pied** court, paraissant soyeux, blanc roussissant avec l'âge.

BIOTOPE Prairies, pelouses, parcs ou lisières des bois, en bordure de chemins ou de fossés. De juillet à novembre. Fréquent.

COMESTIBILITÉ Très toxique, et même quelques cas mortels.

CONFUSION *Clitopilus prunulus* (clitopile petite prune, p. 139) et *Cuphophyllus virgineus* (hygrophore blanc de neige, p. 81).

CLITOCYBE DES FEUILLES

Clitocybe phyllophila

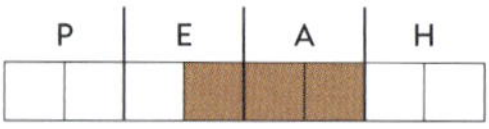

DESCRIPTION **Chapeau** de 5 à 10 cm, légèrement mamelonné, puis déprimé, blanc crème à légèrement ocre ou rose chair, d'aspect soyeuxou givré. **Lames** serrées, épaisses et étroites, blanchâtres puis jaune-brun. **Pied** souvent courbé, blanchâtre marqué de beige roussâtre dans l'âge, avec la base couverte de fin duvet. **Chair** peu épaisse, blanche à rosâtre.

BIOTOPE En groupes ou en cercles, dans les bois de feuillus (surtout de hêtres), parmi les feuilles mortes. De la fin de l'été à l'automne. Fréquent.

COMESTIBILITÉ Très toxique.

CLITOCYBE ODORANT

Clitocybe odora

P | E | A | H

DESCRIPTION **Chapeau** de 4 à 10 cm, finement fibrilleux, vert à bleu-vert, plus foncé au centre, pâlissant dans l'âge. Marge unie, d'abord enroulée, puis largement ondulée. **Lames** légèrement décurrentes, blanchâtres. **Pied** blanchâtre plus ou moins bleuté, pruineux, légèrement épaissi à la base, qui est velue. **Chair** blanc sale à bleutée, à odeur et saveur très fortement anisées.

BIOTOPE Bois de feuillus (hêtres) ou de conifères (épicéas). De juillet à novembre. Terrains à tendance calcaire. Fréquent.

COMESTIBILITÉ Bon comestible, mais très parfumé !

CLITOCYBE NÉBULEUX

Clitocybe nebularis

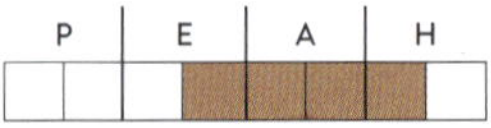

DESCRIPTION **Chapeau** de 8 à 20 cm, blanchâtre à gris clair, plus foncé au centre, à marge enroulée, souvent mamelonné. **Lames** fines, serrées, légèrement décurrentes, blanchâtres à crème. **Pied** robuste, blanchâtre, strié longitudinalement, épaissi à la base, qui est recouverte d'un fin duvet cotonneux. **Chair** blanche.

BIOTOPE Bois de feuillus ou de conifères, en cercles ou en lignes, parmi les tapis de feuilles ou d'aiguilles. De la fin de l'été au début de l'hiver. Très fréquent.

COMESTIBILITÉ Comestible mais à éviter, ou à consommer en petite quantité et s'il est bien cuit.

CONFUSIONS *Entoloma lividum* (entolome livide, p. 140).

CLITOCYBE GÉOTROPE

Infundibulicybe geotropa

P	E	A	H

DESCRIPTION **Chapeau** de 7 à 20 cm, se creusant en entonnoir avec l'âge, à marge lisse se fissurant à l'humidité, crème à beige ou cannelle à brun clair, voire ocre pâle. **Lames** fines et fortement décurrentes, à lamelles ou lamellules intercalées, crème à beige. **Pied** très épais, s'épaississant vers la base, de même couleur que le chapeau ou plus foncé.

BIOTOPE Bois de feuillus bien aérés, lisières et clairières, dans les prairies les bordant. D'octobre jusqu'à la fin de l'automne. Assez fréquent.

COMESTIBILITÉ Bon comestible jeune, trop coriace plus âgé. Le pied est à rejeter, car trop fibreux.

CONFUSIONS *Entoloma lividum* (entolome livide, p. 140).

CLITOCYBE EN ENTONNOIR

Infundibulicybe gibba

P E A H

DESCRIPTION **Chapeau** de 4 à 10 cm, mamelonné, puis se creusant en entonnoir, à cuticule mate ou finement veloutée, de couleur crème à beige ochracé ou beige à brun clair. **Lames** blanches très décurrentes. **Pied** fibrilleux, d'abord blanchâtre puis beige à roussâtre pâle, abondamment orné de feutrage blanchâtre à la base.

BIOTOPE En troupes dans les bois de feuillus et/ou de conifères. D'août à octobre. Très fréquent.

COMESTIBILITÉ Bon comestible. Rejeter le pied, trop fibreux.

CONFUSION *Infundibulicybe geotropa* (clitocybe géotrope, p. 89).

CLITOCYBE LAQUÉ

Laccaria laccata

DESCRIPTION **Chapeau** de 2 à 5 cm, à marge plus ou moins striée, devenant ondulée avec l'âge. Cuticule fauve clair à rouge brique (large palette de tons), s'éclaircissant par temps sec. **Lames** décurrentes, épaisses et espacées, rose brunâtre à fauve. **Pied** fin et coriace, fibreux, souvent flexueux, de même couleur que le chapeau, parfois légèrement plus clair. **Chair** brun rougeâtre pâle.

BIOTOPE Bois de feuillus ou de conifères. Du milieu de l'été jusqu'à la fin de l'automne. Assez fréquent.

COMESTIBILITÉ Comestible, mais un peu coriace.

CONFUSION Avec les petits cortinaires, ainsi que *Galerina marginata* (galère marginée, p. 126).

CLITOCYBE AMÉTHYSTE

Laccaria amethystina

P E A H

DESCRIPTION **Chapeau** de 2 à 7 cm, convexe puis très vite étalé et ridé, ombiliqué, perforé au centre. Cuticule violet profond, pâlissant avec l'âge jusqu'au gris farineux par temps sec. **Lames** très espacées, concolore au chapeau, saupoudrées de blanc à maturité par les spores. **Pied** long et mince, violet, floconneux. **Chair** violette.

BIOTOPE Bois de feuillus ou de conifères. En groupes. De juillet à octobre. Très fréquent.

COMESTIBILITÉ Attention, il concentre les éléments radioactifs, à éviter ou en consommation très réduite ! Ne garder que le chapeau.

CONFUSIONS *Mycena pura* (mycène pur, p. 69), et la variété *lilacina* de *Inocybe geophylla* (inocybe à lames couleur de terre, p. 137).

TRICHOLOME COLOMBETTE

Tricholoma columbetta

P E A H

DESCRIPTION **Chapeau** de 5 à 10 cm, plus ou moins irrégulier à ondulé, blanc pur rayé de longues fibrilles radiales crème à rosées ou bleutées. **Lames** très serrées, minces, blanches. **Pied** robuste, très fibreux, souvent fendillé longitudinalement, blanc parfois taché de rose ou de bleu-vert à la base. **Chair** blanche, ferme.

BIOTOPE Surtout dans le Midi. En petites colonies dans les bois de feuillus ou mixtes. Sols pauvres ou légèrement acides. Assez fréquent.

COMESTIBILITÉ Bon comestible, dont la chair rosit à la cuisson.

CONFUSIONS *Entoloma lividum* (entolome livide, p. 140).

TRICHOLOME ARGENTÉ

Tricholoma argyraceum

P	E	A	H

DESCRIPTION **Chapeau** de 3 à 6 cm, conique puis s'aplatissant rapidement, couvert de mèches gris-beige à gris-brun (plus denses vers le centre) sur un fond blanchâtre à crème, jaunissant sur la marge en vieillissant. **Lames** serrées, blanches virant au jaunâtre avec l'âge. **Pied** cassant, lisse ou faiblement fibrilleux, blanchâtre à gris brunâtre vers la base. **Chair** blanche, légèrement jaunissante avec l'âge. Odeur intense de farine ou de concombre.

BIOTOPE Bois et taillis de feuillus en plaine, mais également dans les bois de conifères en montagne. Peu fréquent.

COMESTIBILITÉ Bon comestible, mais il devient rapidement véreux.

CONFUSION *Tricholoma pardinum* (tricholome tigré, p. 96).

TRICHOLOME TERREUX

Tricholoma terreum

P	E	A	H

DESCRIPTION **Chapeau** de 4 à 8 cm, conique, à marge souvent lacérée, gris souris à gris foncé, couvert de squamules soyeuses, presque laineuses, laissant apparaître entre les fibrilles radiales la chair du chapeau plus claire. **Lames** inégales, intercalées de lamellules, d'abord blanchâtres puis gris terne, plus foncées vers la marge. **Pied** lisse et soyeux, blanchâtre ponctué de petites squamules sur le haut du pied. **Chair** blanc grisonnant, fragile.

BIOTOPE Principalement sous les bois de résineux (surtout les pins). Sol calcaire ou sableux. De l'automne jusque tard en saison. Fréquent.

COMESTIBILITÉ Bon comestible.

CONFUSION *Tricholoma pardinum* (tricholome tigré, p. 96).

TRICHOLOME TIGRÉ

Tricholoma pardinum

DESCRIPTION **Chapeau** de 5 à 20 cm, convexe et épais, à marge enroulée devenant ondulée en vieillissant, blanc grisâtre couvert de fines écailles concentriques grises. **Lames** serrées, inégales, blanches puis grisâtres. **Pied** massif, blanc, ocracé à la base, renflé, parfois parsemé de fibrilles brunissantes. **Chair** blanchâtre à odeur farineuse.

BIOTOPE Bois de conifères ou de feuillus (surtout de hêtres), presque uniquement en altitude. En groupe. Sur sol calcaire. D'août à novembre.

COMESTIBILITÉ Toxique. Peut provoquer de sérieuses gastro-entérites.

CONFUSIONS *Tricholoma terreum* (tricholome terreux, p. 95) et *Tricholoma portentosum* (tricholome prétentieux, p. 97).

TRICHOLOME PRÉTENTIEUX

Tricholoma portentosum

P	E	A	H

DESCRIPTION **Chapeau** de 4 à 12 cm, conique puis étalé, mamelonné, à marge mince se fissurant et se retroussant dans l'âge. Cuticule grasse, luisante, gris nuancé de jaune verdâtre, couverte de fibrilles noirâtres. **Lames** épaisses, blanches à reflets jaunes. **Pied** robuste, blanc lavé de jaune verdâtre ou de gris. **Chair** ferme, blanche légèrement jaunâtre.

BIOTOPE Bois de conifères (pins, épicéas), plus rarement de feuillus (hêtres). Surtout en montagne. D'octobre à décembre. Fréquent.

COMESTIBILITÉ Excellent comestible.

CONFUSION *Amanita phalloides* (amanite phalloïde, p. 164).

TRICHOLOME À ODEUR DE SAVON

Tricholoma saponaceum

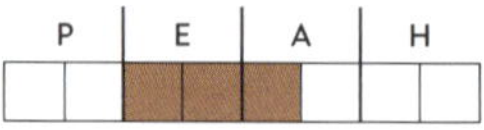

DESCRIPTION **Chapeau** de 6 à 15 cm, gris-brun à gris verdâtre, parfois teinté de jaunâtre, s'éclaircissant vers la marge, parfois couvert de fines écailles. **Lames** blanches à crème, roussissantes parfois. **Pied** trapu, blanchâtre à gris foncé, parfois lavé de rose orangé à la base. **Chair** blanche, rosissant très lentement à la coupe, à odeur de savon.

BIOTOPE Bois de feuillus, de conifères ou mixte. En troupes nombreuses. De juin à octobre. Fréquent.

COMESTIBILITÉ Sans intérêt.

TRICHOLOME ÉQUESTRE

Tricholoma equestre

P	E	A	H

DESCRIPTION **Chapeau** de 5 à 10 cm, jaune vif à jaune olive, roussissant avec l'âge et se couvrant de squamules ochracées donnant un aspect fibrilleux, à marge ondulée et parfois striée. **Lames** serrées, jaune citron à jaune soufre. **Pied** jaune, ferme et trapu, fibrilleux, s'épaississant souvent vers la base. **Chair** blanche à jaune.

BIOTOPE Bois de conifères principalement (pins et épicéas), rarement sous les feuillus. À partir de la fin de l'été, mais surtout en automne, jusqu'aux premières gelées. Très fréquent.

COMESTIBILITÉ Mortel. Il a longtemps eu une réputation de très bon comestible, mais de nombreux cas de toxicité grave, voire mortelle, obligent désormais à le laisser sur place.

TRICHOLOME DORÉ

Tricholoma auratum

P	E	A	H

DESCRIPTION **Chapeau** de 5 à 10 cm, jaune orangé à disque plus foncé brun, d'aspect un peu gras. **Lames** jaune pâle. **Pied** épais, de même couleur que le chapeau, ou un peu plus pâle. **Chair** ferme, blanche dans le pied, jaune pâle ailleurs.

BIOTOPE Dans les forêts de pins du littoral atlantique, sur sol sableux.

COMESTIBILITÉ Mortel.

CONFUSION *Tricholoma equestre* (tricholome équestre, p. 99).

TRICHOLOME DE LA SAINT-GEORGES

Calocybe gambosa

DESCRIPTION **Chapeau** de 5 à 10 cm, très épais au centre, velouté, généralement blanc crème, mais aussi grisâtre, jaune ou jaune orangé, à marge épaisse et enroulée. **Lames** serrées, blanches. **Pied** robuste, de même couleur que le chapeau. **Chair** blanche à forte odeur de farine.

BIOTOPE Bosquets, taillis, lisières de forêts, prés, en plaine et surtout à moyenne altitude. En ronds de sorcières. D'avril à fin juin. Fréquent.

COMESTIBILITÉ Excellent comestible.

CONFUSIONS *Inocybe erubescens* (inocybe de Patouillard, p. 134) et *Entoloma lividum* (entolome livide, p. 140).

TRICHOLOME AGRÉGÉ

Lyophyllum decastes

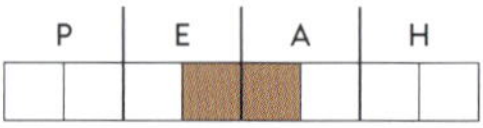

DESCRIPTION **Chapeau** de 5 à 15 cm, parfois jusqu'à 20 cm, hémisphérique s'étalant de manière irrégulière, à marge enroulée et ondulée, fauve à brun clair, parfois grisâtre. **Lames** fines, serrées, blanchâtres, parfois un peu jaunissantes avec l'âge. **Pied** blanchâtre, sur lequel viennent se souder d'autres individus pour former des touffes parfois volumineuses. **Chair** blanche et élastique.

BIOTOPE Pelouses, bois clairs, haies, lisières, bords de chemins, mais aussi sur souches et bois morts parfois enterrés. De septembre à fin novembre. Assez fréquent.

COMESTIBILITÉ Assez bon comestible, à consommer avec modération, car une surconsommation peut se révéler légèrement toxique.

PIED-BLEU

Lepista nuda

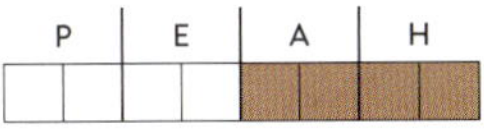

DESCRIPTION **Chapeau** de 5 à 15 cm, à net mamelon central, violet virant brunâtre sous la pluie, par temps humide, et avec l'âge. **Lames** serrées, bleu lilas, se salissant de brun à maturité. **Pied** charnu, bulbeux à la base, à surface pelucheuse blanchâtre sur fond violet. **Chair** assez épaisse, lilas plus soutenu en périphérie, blanc-jaune dans le bulbe. Forte odeur fruitée et acidulée.

BIOTOPE Litières sous feuillus ou conifères, souvent en cercles et en quantités importantes. De septembre à janvier. Très fréquent.

COMESTIBILITÉ Très bon comestible, mais indigeste cru. Ne consommer que les jeunes exemplaires.

CONFUSIONS *Lepista sordida* (tricholome sordide, p. 105).

CLITOCYBE RENVERSÉ

Lepista inversa

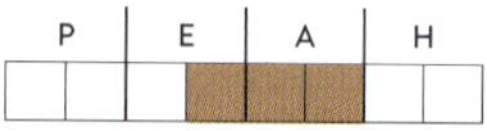

DESCRIPTION **Chapeau** de 4 à 10 cm, plat puis se déprimant profondément, brun roussâtre à rouille vif, plus sombre au centre, devenant souvent luisant, comme vernissé, à marge longtemps enroulée et parfois un peu cannelée. **Lames** très décurrentes, étroites et serrées, crème à roussâtre pâle. **Pied** court, de même couleur que les lames avec des zones plus foncées, feutré de mycélium à la base. **Chair** roux très pâle.

BIOTOPE Essentiellement dans les bois de conifères, plus rarement dans les bois mixtes. En troupes nombreuses ou en petits groupes serrés de quelques individus. D'août à décembre. Très fréquent.

COMESTIBILITÉ Comestible sans intérêt.

TRICHOLOME SORDIDE

Lepista sordida

P		E		A		H	
				■	■	■	

DESCRIPTION **Chapeau** de 4 à 10 cm, aplati à centre légèrement déprimé, à marge mince, hygrophane, de couleur lilas terne à lilas brunâtre pâle. **Lames** fines entrecoupées de lamelles et de lamellules, lilas à violet pâle, roussissant en vieillissant. **Pied** lilas pâle, lisse à légèrement fibrilleux, d'un diamètre n'excédant généralement pas 1 cm, de même couleur à l'état juvénile ou plus clair que les lames

BIOTOPE Prairies fumées, parcs, près des tas de compost, terreau, tas de feuilles, en lisière mais rarement en forêt. D'octobre à décembre, voire janvier. Assez fréquent.

COMESTIBILITÉ Comestible moins estimé que le pied-bleu.

CONFUSION *Lepista nuda* (pied-bleu, p. 103), plus grand et plus coloré.

TRICHOLOME ARGOUANE

Lepista panaeolus

P	E	A	H

DESCRIPTION **Chapeau** de 4 à 12 cm, beige grisâtre à brunâtre, plus sombre au disque, à fossettes concentriques plus foncées vers la marge. **Lames** concolores au chapeau. **Pied** court, blanchâtre.

BIOTOPE Pelouses sèches calcaires, près des pins. En cercles ou en lignes. De septembre à novembre. Assez fréquent.

COMESTIBILITÉ Bon comestible, mais la saveur parfois trop forte peut rebuter.

CONFUSION *Clitocybe dealbata* (clitocybe blanchi, p. 85).

PLEUROTE EN FORME D'HUÎTRE

Pleurotus ostreatus

P	E	A	H

DESCRIPTION **Chapeau** de 4 à 15 cm, charnu, s'aplanissant en éventail ou en coquille d'huître, de couleur très variable (gris, noirâtre, violacé, brun...). **Lames** souvent fourchues, décurrentes, ivoire. **Pied** excentré, très court, hérissé de poils blancs. **Chair** épaisse et blanche.
BIOTOPE Bois mort ou affaibli de feuillus (peupliers, hêtres, saules). En touffes compactes. D'octobre à la fin de l'hiver. Assez fréquent.
COMESTIBILITÉ Très bon comestible. Il doit être consommé jeune, car les exemplaires plus âgés sont coriaces et à odeur peu agréable.

PLEUROTE DU PANICAUT

Pleurotus eryngii

P		E		A		H	
		■	■	■	■		

DESCRIPTION **Chapeau** de 5 à 10 cm, légèrement bossu, gris à brun roux, plus pâle en veillissant, ponctué de fines squamules noirâtres, à marge toujours enroulée. **Lames** très décurrentes, blanches à crème. **Pied** souvent excentré, blanc à légèrement ocre. **Chair** blanche et ferme.

BIOTOPE Lieux incultes, pairies sèches et caillouteuses, partout où pousse le chardon panicault. De juillet à novembre. Assez fréquent.

COMESTIBILITÉ Excellent comestible à chair très parfumée.

ARMILLAIRE COULEUR DE MIEL

Armillaria mellea

P E A H

DESCRIPTION **Chapeau** de 5 à 10 cm, jaune doré à brun, parsemé de fines écailles brunâtres et érigées, surtout au centre. **Lames** décurrentes, blanches puis jaunissantes et se tachant de roux. **Pied** blanc et strié au-dessus de l'anneau, concolore ou plus foncé que le chapeau en dessous, noircissant à la base. Anneau blanc haut placé.

BIOTOPE En touffes denses sur les troncs ou les souches de feuillus, parfois de conifères. De septembre à novembre. Fréquent.

COMESTIBILITÉ Comestible très jeune (chapeau), mais à éviter car suspecté de provoquer des intoxications.

CONFUSION *Kuehneromyces mutabilis* (pholiote changeante, p. 127).

ARMILLAIRE SANS ANNEAU

Armillaria tabescens

P		E		A		H	

DESCRIPTION **Chapeau** de 3 à 8 cm, jaunâtre à fauve, plus foncé vers le centre, ponctué de fines mèches brunâtres, à marge irrégulière, sinueuse et légèrement striée. **Lames** blanchâtres virant à l'ocre, parfois un peu rosâtres. **Pied** élancé, sans anneau, se ridant en vieillissant, de même couleur que le chapeau, mais plus clair vers le sommet.

BIOTOPE En touffes sur les souches et racines des feuillus, essentiellement de chênes et de châtaigniers. D'août à octobre. Peu fréquent.

COMESTIBILITÉ Bon comestible jeune (uniquement le chapeau).

CONFUSION *Armillaria mellea* (armillaire couleur de miel, p. 109).

HÉBÉLOME À CENTRE BRUN

Hebeloma mesophaeum

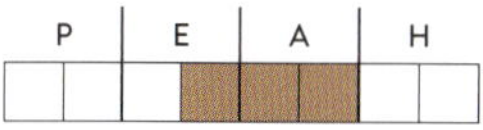

DESCRIPTION **Chapeau** de 3 à 6 cm, plus ou moins mamelonné, visqueux, avec le centre brun fauve à chocolat et la marge plus beige ou brun pâle, couverte des restes du voile. **Lames** serrées, crème puis brunâtres. **Pied** blanchâtre à ocre pâle vers le haut, brun plus soutenu vers la base, avec une cortine blanc crème plus ou moins marquée. **Chair** blanchâtre, brunâtre vers la base du pied.

BIOTOPE Bois de feuillus ou de conifères, lisières, parcs ou jardins. En petits groupes. D'août à novembre. Très fréquent.

COMESTIBILITÉ Non comestible.

HÉBÉLOME CROÛTE-DE-PAIN

Hebeloma crustuliniforme

DESCRIPTION **Chapeau** de 3 à 10 cm, charnu, mammelonné, plus ou moins visqueux, blanchâtre à ocre, plus foncé au centre. **Lames** blanchâtres puis brun rosé, avec de fines larmes limpides puis opalescentes, qui brunissent en séchant. **Pied** bulbeux, floconneux sur toute la hauteur, blanchâtre. **Chair** pâle à odeur de radis.

BIOTOPE Sous feuillus ou résineux, parcs, jardins, haies, lisières, bois... en relation avec les racines d'arbres d'essences diverses (noisetiers, tilleuls, peupliers...). D'août à novembre. Très fréquent.

COMESTIBILITÉ Toxique.

HÉBÉLOME RADICANT

Hebeloma radicosum

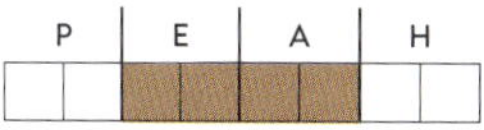

DESCRIPTION **Chapeau** de 5 à 15 cm, charnu, visqueux, gris-beige à brun rosé, grasse au toucher, couverte de larges mèches fibrilleuses. **Lames** échancrées, serrées, beige clair puis brun jaunâtre, non pleureuses. **Pied** blanchâtre à beige, à anneau membraneux ; couvert de mèches sous l'anneau ; prolongé par une longue « racine » noirâtre et pointue. **Chair** épaisse, blanchâtre, à forte odeur d'amandes amères.

BIOTOPE Bois de feuillus ou mixtes, en lisières et lieux découverts, surtout sur souches et racines de hêtres. De juillet à décembre. Assez fréquent.

COMESTIBILITÉ Non toxique, mais immangeable à cause de son odeur rebutante.

CORTINAIRE BLANC-VIOLET

Cortinarius alboviolaceus

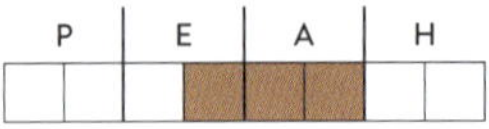

DESCRIPTION **Chapeau** de 4 à 9 cm, à mamelon persistant, soyeux, tout d'abord blanchâtre par le voile, puis gris violacé. **Lames** peu épaisses, lilas, puis brun-rouge. **Pied** souvent en massue, de même couleur que le chapeau, avec généralement quelques restes de cortine teintés de roux. **Chair** épaisse, blanche nuancée de violet.

BIOTOPE Sous divers feuillus, notamment bouleaux, hêtres, chênes, châtaigniers. D'août à novembre. Fréquent.

COMESTIBILITÉ Comestible sans intérêt.

CORTINAIRE À PIED COURBE

Cortinarius torvus

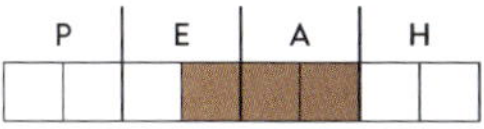

DESCRIPTION **Chapeau** de 4 à 8 cm, convexe, à brun à brun foncé ou plus ou moins ochracé, parfois à reflets violacés. **Lames** espacées, gris-violet devenant brun foncé à maturité. **Pied** s'épaississant vers la base, souvent courbé, plus clair que le chapeau, violacé vers le sommet. Cortine claire devenant rousse, gainant les trois quarts du pied. **Chair** blanchâtre dans le chapeau, bleuâtre dans le pied.

BIOTOPE Bois de feuillus, appréciant particulièrement les hêtres. D'août à novembre. Fréquent.

COMESTIBILITÉ Comestible médiocre.

CORTINAIRE COULEUR DE ROCOU

Cortinarius orellanus

P	E	A	H

DESCRIPTION **Chapeau** de 3 à 10 cm, bosselé ou mamelonné, feutré et finement fibrilleux, rouge orangé à brun orangé, à marge ondulée souvent fendillée. **Lames** épaisses et espacées, doublées de lamelles et lamellules, jaune orangé devenant roux vif. **Pied** parfois courbé, jaune ocre à fibrilles plus sombres. **Chair** jaune à odeur de radis.

BIOTOPE Bois de feuillus et de conifères, surtout en altitude. D'août à décembre. Peu fréquent.

COMESTIBILITÉ Mortel.

CONFUSION *Laccaria laccata* (clitocybe laqué, p. 91).

CORTINAIRE JAUNE CANNELLE

Cortinarius cinnamomeoluteus

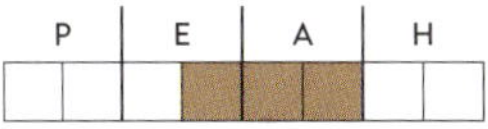

DESCRIPTION **Chapeau** de 3 à 7 cm, convexe puis étalé, avec mamelon marqué, fibrilleux à squamuleux, cannelle à brun rougeâtre ou ocre, plus clair vers la marge. **Lames** à lamelles et lamellules intercalées, jaunâtres devenant jaune orangé à rouille. **Pied** long et flexueux, fibrilleux, de même couleur que le chapeau à la base, s'éclaircissant vers le sommet. **Chair** jaune citron.

BIOTOPE Bois de feuillus (bouleau) et/ou de conifères humides et souvent tourbeux. D'août à novembre.

COMESTIBILITÉ Toxique.

CORTINAIRE SEMI-SANGUIN

Cortinarius semisanguineus

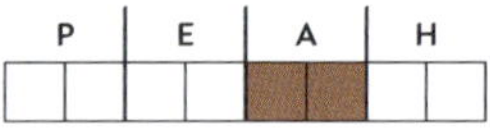

DESCRIPTION **Chapeau** de 3 à 6 cm, à mamelon marqué, finement fibrilleux, cannelle à brun fauve, à marge se fendillant souvent. **Lames** larges, rouge pourpre devenant roussâtre. **Pied** fibrilleux, long et flexueux, jaunâtre à roussâtre, devenant plus rose orangé vers la base. **Chair** jaune.

BIOTOPE Bois de conifères principalement, mais aussi bois mixtes. Sur la mousse ou les souches. Peu fréquent.

COMESTIBILITÉ Toxique.

CONFUSION *Laccaria laccata* (clitocybe laqué, p. 91).

CORTINAIRE TRÈS JOLI

Cortinarius speciosissimus

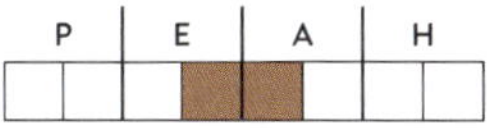

DESCRIPTION **Chapeau** de 5 à 12 cm, brillant et paraissant feutré, à mamelon proéminent à maturité ; brun orangé à ocre brun, à marge sinueuse se fendillant en vieillissant. **Lames** espacées, doublées de lamellules, brun orangé. **Pied** fibrilleux, s'épaississant vers la base, de même couleur ou plus clair que le chapeau, marbré de jaune. **Chair** jjaunâtre à roussâtre.

BIOTOPE Bois de conifères (épicéas), appréciant particulièrement les zones tourbeuses. De fin août à octobre. Peu fréquent.

COMESTIBILITÉ Mortel.

CORTINAIRE OCRE ROUGE

Cortinarius bolaris

P	E	A	H

DESCRIPTION **Chapeau** de 3 à 8 cm, à écailles cuivrées ou rouge vineux plus denses au centre, sur un fond blanc-jaune fonçant avec l'âge ou à la manipulation. **Lames** irrégulières, crème puis brun cannelle. **Pied** flexueux ou courbé, concolore au chapeau, sauf sous les lames, où il est blanchâtre. **Chair** blanche, jaune vif à la base du pied, devenant rougeâtre avec l'âge.

BIOTOPE Bois de feuillus (hêtres, chênes, charmes, bouleaux), parfois bois mixtes. D'août à octobre. Fréquent.

COMESTIBILITÉ Suspecté de toxicité.

CORTINAIRE TRIOMPHANT

Cortinarius triumphans

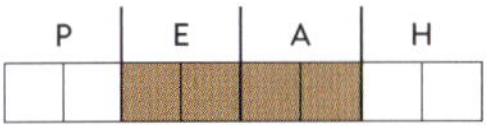

DESCRIPTION **Chapeau** de 7 à 14 cm, charnu, jaune à jaune orangé, souvent plus foncé vers le centre. **Lames** serrées, à arêtes crénelées, blanchâtres devenant brun pâle. **Pied** trapu ou allongé en fuseau, rayé, blanchâtre à ocre pâle, souvent marqué de bracelets roussâtres vers la base. Reste de cortine blanchâtre se tachant de roux par les spores en vieillissant. **Chair** ferme, blanchâtre à ocre pâle.

BIOTOPE Bois de feuillus (bouleaux), mais aussi dans les bois mixtes. De juillet à décembre. Peu fréquent.

COMESTIBILITÉ Comestible sans intérêt.

CORTINAIRE TRÈS ÉLÉGANT

Cortinarius elegantissimus

P	E	A	H

DESCRIPTION **Chapeau** de 6 à 10 cm, convexe, visqueux par temps humide, jaune soufre roussissant à partir du centre, à marge restant enroulée. **Lames** jaune vif à jaune cannelle. **Pied** jaune, recouvert de vestiges de cortine, avec un bulbe très prononcé. **Chair** jaune pâle, avec des reflets bleus en haut du pied.

BIOTOPE Bois de hêtres, prés et pacages. De septembre à novembre. Peu fréquent.

COMESTIBILITÉ Toxique.

PHOLIOTE RIDÉE

Cortinarius caperatus

P	E	A	H
	■	■	

DESCRIPTION **Chapeau** de 5 à 15 cm, pruineux, jaune paille à ocre voilé de blanc à reflets gris lilas (surtout jeune), à marge enroulée se déployant à maturité, marquée de sillons. **Lames** serrées, denticulées, pâles puis ocre. **Pied** bulbeux à la base, fibreux , blanc à jaune, légèrement peluché au dessus de l'anneau. Anneau strié, blanc tâché de jaune. **Chair** blanc jaunâtre, molle, fibreuse dans le pied.

BIOTOPE Bois de résineux (pins, parfois épicéas), plus rare sous feuillus, parmi la mousse et les myrtilles. De juillet à novembre. Assez fréquente.

COMESTIBILITÉ Très bon comestible. Le pied fibreux est à rejeter. Souvent attaqué par les limaces et les vers.

PHOLIOTE REMARQUABLE

Gymnopilus spectabilis

P E A H

DESCRIPTION **Chapeau** de 5 à 15 cm, fauve orangé à roux vif, se couvrant de fibrilles plus foncées en vieillissant. **Lames** serrées, crème devenant jaune orangé puis rouille, fonçant au toucher. **Pied** flexueux, jaune doré se couvrant de fibrilles rousses dans l'âge. Anneau jaune persistant. **Chair** jaune à saveur amère.

BIOTOPE Souches, troncs, branches mortes et débris ligneux ou racines enfouies, surtout de feuillus. D'août à novembre. Assez courant.

COMESTIBILITÉ Suspecté de toxicité, sans doute hallucinogène.

GYMNOPILE PÉNÉTRANT

Gymnopilus penetrans

P		E		A		H	

DESCRIPTION **Chapeau** de 2 à 6 cm, jaune orangé à roussâtre, plus foncé au centre. **Lames** étroites, assez serrées, jaune soufre taché à maturité de rouille. **Pied** fibrilleux, blanchâtre à jaune pâle, taché de brun ; cortine fugace blanche, vite salie de rouille par les spores. **Chair** blanche à jaune pâle, à saveur très amère.

BIOTOPE Bois morts de conifères, plus rarement de feuillus. Isolé ou en touffes de quelques individus. D'octobre à décembre. Fréquent.

COMESTIBILITÉ Toxique.

GALÈRE MARGINÉE

Galerina marginata

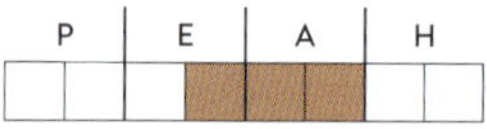

DESCRIPTION **Chapeau** de 2 à 5 cm, hygrophane, llisse et brillant, jaune à roux-brun, s'éclaircissant à la marge nettement striée. **Lames** crème, puis fauve à ocre. **Pied** crème à ocre au sommet, grisâtre voire noirâtre sous l'anneau, rayé de fibrilles longitudinales. Anneau étroit et mince, parfois peu visible ou même absent, orangé à brun. **Chair** ocre pâle à brunâtre, à forte odeur de farine.

BIOTOPE Souches, branches et débris de bois morts des conifères et des feuillus. D'août à décembre. Fréquente.

COMESTIBILITÉ Mortelle.

CONFUSION *Kuehneromyces mutabilis* (pholiote changeante, p. 127) et *Laccaria laccata* (clitocybe laqué, p. 91).

PHOLIOTE CHANGEANTE

Kuehneromyces mutabilis

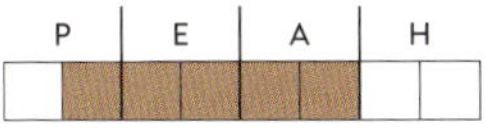

DESCRIPTION **Chapeau** de 3 à 8 cm, souvent mamelonné, hygrophane, miel devenant plus foncé vers le centre, puis marron-roux à centre brun. Marge finement striée. **Lames** serrées, jaunâtres ou cannelle, puis brun-roux. **Pied** jaunâtre et lisse au-dessus de l'anneau, brunâtre et squamuleux vers la base. Anneau léger, disparaissant souvent avec l'âge. **Chair** molle dans le chapeau, très fibreuse dans le pied.

BIOTOPE Bois mort et souches de feuillus, parfois sur conifères. En touffes. De mai à novembre. Très courante.

COMESTIBILITÉ Bon comestible jeune (uniquement le chapeau).

CONFUSIONS *Armillaria mellea* (armillaire couleur de miel, p. 109) et *Galerina marginata* (galère marginée, page ci-contre).

PHOLIOTE DESTRUCTRICE

Hemipholiota populnea

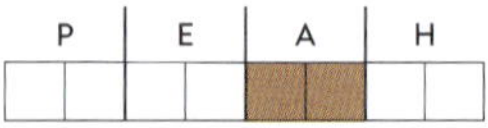

DESCRIPTION **Chapeau** de 10 à 25 cm, revêtu d'un voile blanchâtre se déchirant en larges écailles fibreuses, laissant apparaître le fond ocre lus sombre au centre. **Lames** beige, puis brunâtres à brun rouille. **Pied** généralement courbé, souvent renflé à la base, portant les mêmes mèches que le chapeau, blanchâtre en haut, beige à brun en bas. Anneau haut placé, parfois peu net. **Chair** épaisse, blanche, brun noirâtre vers la base du pied.

BIOTOPE Sur les billes de peupliers (apparaît aux surfaces de coupes). De septembre à novembre. Surtout en régions méridionales. Peu fréquente.

COMESTIBILITÉ Non comestible.

PHOLIOTE ÉCAILLEUSE

Pholiota squarrosa

P		E		A		H	
			■	■			

DESCRIPTION **Chapeau** de 5 à 15 cm, généralement mamelonné, couvert de squames dressées, brun-roux sur fond ocre jaune, avec restes du voile sur la marge. **Lames** serrées, étroites, jaunes à reflets verdâtres, devenant brun rouille. **Pied** dur, lisse et jaune au-dessus de l'anneau, concolore au chapeau et couvert de squames en dessous. Anneau fibrilleux très haut placé, ocre. **Chair** charnue, jaune pâle, à saveur et odeur de radis.

BIOTOPE En touffe au pied des feuillus ou des conifères, notamment les fruitiers (cerisier, pommier, poirier). De septembre à octobre. Assez fréquente.

COMESTIBILITÉ Non comestible.

PHOLIOTE DU PEUPLIER

Cyclocybe cylindracea

DESCRIPTION **Chapeau** de 4 à 15 cm, d'abord globuleux puis s'aplanissant, beige blanchâtre ou noisette, plus foncé au centre, puis palissant jusqu'à une couleur blanchâtre, à marge enroulée devenant ondulée. **Lames** serrées, crème, puis brunes. **Pied** flexueux, fibreux, crème, vite bruni par les spores. Anneau blanchâtre ample et descendant, bien développé mais pouvant parfois disparaître en vieillissant, situé très haut sur le pied. **Chair** blanche dans le chapeau, grisâtre dans le pied.

BIOTOPE Sur souches de feuillus (peupliers, saules, chênes, platanes...). En touffes. De mai à octobre (plus tard dans l'hiver en région méditerranéenne). Très fréquente dans le sud de la France.

COMESTIBILITÉ Très bon comestible.

PHOLIOTE PRÉCOCE

Agrocybe praecox

DESCRIPTION **Chapeau** de 2 à 5 cm, convexe puis s'aplatissant, lisse mais se fendillant ou se craquelant lorsqu'il fait sec, à marge unie, hygrophane, de couleur blanchâtre à beige ou beige ochracé vers le centre, devenant plus foncé par temps humide. **Lames** fines, blanchâtres, devenant brunes. **Pied** fibrilleux, blanc, à anneau ample et fragile, fugace, blanchâtre vite coloré de brun par les spores. **Chair** blanche, à odeur de farine.

BIOTOPE Sentiers, bords des chemins, clairières, taillis, fouillis de ronce, parcs et bois de feuillus aérés, aussi bien sur terre nue que dans les zones herbeuses. D'avril à juillet. Fréquente.

COMESTIBILITÉ Bon comestible.

STROPHAIRE VERT-DE-GRIS

Stropharia aeruginosa

P	E	A	H

DESCRIPTION **Chapeau** de 3 à 7 cm, très visqueux, gris-bleu à bleu verdâtre, devenant plus pâle puis vert jaunâtre à partir du centre en vieillissant, plus ou moins couvert de flocons blancs. **Lames** grisâtres devenant noirâtres. **Pied** visqueux, concolore au chapeau, couvert de mèches floconneuses sous l'anneau. Anneau blanc brunissant, finement strié. **Chair** blanchâtre à reflets verdâtres.

BIOTOPE Zones humides des bois de feuillus et de conifères, parfois dans les pâturages. De juillet à décembre. Très fréquente.

COMESTIBILITÉ Suspecté de toxicité.

HYPHOLOME EN TOUFFES

Hypholoma fasciculare

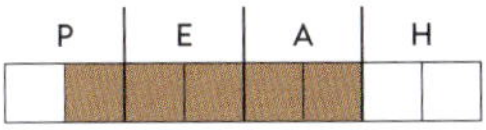

DESCRIPTION **Chapeau** de 3 à 7 cm, plus ou moins mamelonné, jaune soufre devenant orangé à roux au centre, à marge portant parfois des vestiges jaunâtres puis noircis du voile. **Lames** très fines et serrées, jaune citron puis vert olive. **Pied** long et grêle, jaune devenant orangé vers la base. **Chair** jaune à saveur amère.

BIOTOPE Souches mortes et troncs abattus de feuillus ou de conifères. En touffes denses. De mai à décembre. Très fréquent.

COMESTIBILITÉ Toxique.

CONFUSIONS *Kuehneromyces mutabilis* (pholiote changeante, p. 127) et *Armillaria mellea* (armillaire couleur de miel, p. 109.

INOCYBE DE PATOUILLARD

Inocybe erubescens

DESCRIPTION **Chapeau** de 3 à 7 cm, mamelonné, à fibrilles rayonnantes, blanc à jaune paille, rougissant par la suite, à marge irrégulière souvent fendillée. **Lames** serrées, blanches puis ocre, se tachant de rouge. **Pied** profondément enterré, strié, blanc, se tachant également de rouge. **Chair** blanche rougissant dans le pied à la cassure.

BIOTOPE Bois aérés de feuillus (hêtres), lisières et clairières, parcs. Sol calcaire. De mai à août. Peu fréquent.

COMESTIBILITÉ Mortel.

CONFUSION *Calocybe gambosa* (tricholome de la Saint-Georges, p. 101).

INOCYBE FASTIGIÉ

Inocybe fastigiata

P E A H

DESCRIPTION **Chapeau** de 3 à 8 cm, à mamelon fortement marqué et pointu, à fibrilles rayonnantes très nettes, jaune doré à fauve, plus foncé au centre, à marge souvent fendue. **Lames** serrées, jaune verdâtre, puis devenant brunâtres. **Pied** long et fibreux, blanchâtre à jaune paille, parfois un peu plus foncé vers la base. **Chair** blanchâtre.

BIOTOPE Bois de feuillus (hêtres), moins fréquent sous les conifères, lisières, talus et chemins. De juin à décembre. Fréquent.

COMESTIBILITÉ Toxique.

INOCYBE À ODEUR DE POIRE

Inocybe piriodora

P E A H

DESCRIPTION **Chapeau** de 2 à 8 cm, plus ou moins mamelonné, à fibrilles rayonnantes, blanchâtre à beige, puis vite brun ocre à brun roussâtre, à marge plus ou moins fendue en veillissant. **Lames** longtemps claires puis brunissantes à maturité. **Pied** s'épaississant légèrement vers la base, blanc sale au sommet, brun clair vers la base, fibrilleux sur toute sa hauteur. **Chair** blanche à très forte odeur de poire.

BIOTOPE, Bois de feuillus ou de conifères. Sol calcaire. D'août à octobre. Peu fréquent.

COMESTIBILITÉ Toxique.

INOCYBE À LAMES COULEUR DE TERRE

Inocybe geophylla

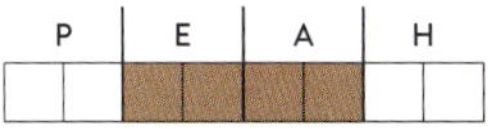

DESCRIPTION **Chapeau** de 2 à 4 cm, toujours mamelonné, d'aspect soyeux, blanc pur puis se salissant dans l'âge, à marge longtemps enroulée. **Lames** larges, blanc-gris puis gris-brun. **Pied** long et mince, blanc, poudré dans la partie supérieure. **Chair** blanche à grisâtre.

BIOTOPE Bois de feuillus ou de conifères. De juin à novembre. Fréquent.

COMESTIBILITÉ Très toxique.

CONFUSION La variété *lilacina* peut être confondue avec *Laccaria amethystina* (clitocybe améthyste, p. 92).

PANÉOLE PAPILIONACÉ

Panaeolus papilionaceus

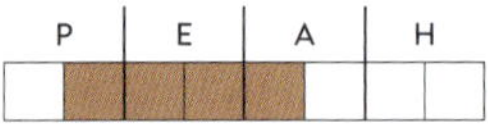

DESCRIPTION **Chapeau** de 1 à 5 cm, en forme de cloche, parfois avec un mamelon pointu, blanchâtre, gris clair ou gris-brun, craquelé en plaques par temps sec, à marge dentelée des restes du voile chez les jeunes exemplaires. **Lames** grises puis noirâtres, avec arêtes floconneuses blanchâtres. **Pied** long et élancé, duveteux, strié en haut, blanc sale à gris-brun, plus foncé à rougeâtre à la base. **Chair** très fine.

BIOTOPE Sur ou à proximité des bouses ou du crottin, dans les champs et chemins fréquentés par le bétail, ou dans les prairies amendées de fumier. En petits groupes. De mai à octobre. Fréquent.

COMESTIBILITÉ Toxique.

CLITOPILE PETITE PRUNE

Clitopilus prunulus

P		E		A		H	

DESCRIPTION **Chapeau** de 4 à 12 cm, légèrement mamelonné, puis déprimé et en entonnoir, charnu, d'aspect velouté, pruineux, blanc pur parfois légèrement sali de grisâtre, à marge mince, enroulée puis ondulante. **Lames** serrées, nettement décurrentes, blanches, puis rosies par les spores. **Pied** charnu, courbé, rayé longitudinalement, légèrement pruineux, de même couleur que le chapeau. **Chair** tendre et fragile, blanche, à forte odeur et saveur de farine.

BIOTOPE Bois de feuillus ou de conifères, lisières, bordures de chemins ou prés avoisinants. De juillet à novembre. Fréquent.

COMESTIBILITÉ Très bon comestible.

CONFUSION *Entoloma lividum* (entolome livide, p. 140).

ENTOLOME LIVIDE

Entoloma lividum

P E A H

DESCRIPTION **Chapeau** de 10 à 18 cm, soyeux, fibrilleux radialement, blanc crème à reflets gris argenté, à marge longtemps enroulée, irrégulière. **Lames** inégales et largement échancrées, jaunes puis roses plus ou moins vif. **Pied** élancé, souvent courbe et renflé à la base, de même couleur que le chapeau. **Chair** blanche jaunissant à la cassure, à forte odeur de farine.

BIOTOPE En bordures de forêts de feuillus, lisières, clairières, chemins, dans les endroits aérés. D'août à octobre. Fréquent.

COMESTIBILITÉ Très toxique, pouvant être mortel.

CONFUSIONS *Clitopilus prunulus* (clitopile petite prune, p. 139), *Tricholoma columbetta* (tricholome colombette, p. 93), *Clitocybe nebularis* (clitocybe nébuleux, p. 88).

ENTOLOME SOYEUX

Entoloma sericeum

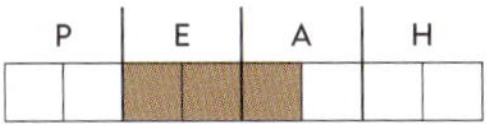

DESCRIPTION **Chapeau** de 3 à 6 cm, hygrophane, brun rougeâtre (temps humide) à brun-gris (temps sec), pâlissant concentriquement en séchant, à marge plus ou moins striée. **Lames** brun pâle puis rosâtres. **Pied** de même couleur que le chapeau, couvert de fibrilles gris argenté, blanchâtre à la base. **Chair** à odeur et saveur très forte de farine.

BIOTOPE Sous les feuillus (peupliers, frênes), dans les pelouses et les prairies ouvertes. De juin à octobre. Fréquent.

COMESTIBILITÉ Toxique.

ENTOLOME EN BOUCLIER

Entoloma clypeatum

P	E	A	H

DESCRIPTION **Chapeau** de 3 à 8 cm, fortement mamelonné, hygrophane, brun chocolat à brun grisâtre, à fibrilles radiales, à marge se fendillant. **Lames** espacées et irrégulières, blanches devenant rose pâle en vieillissant. **Pied** blanchâtre à grisâtre, plus foncé vers la base.

BIOTOPE Bords des chemins, taillis et haies comportant aubépines, pruneliers, etc., parcs et vergers. Printemps. Assez fréquent.

COMESTIBILITÉ Bon comestible.

CONFUSIONS *Entoloma lividum* (entolome livide, p. 140) et *Inocybe erubescens* (inocybe de Patouillard, p. 134).

ENTOLOME ROSE ET GRIS

Entoloma rhodopolium

P	E	A	H

DESCRIPTION **Chapeau** de 2 à 7 cm, parfois plus, gris souris à brun-jaune, hygrophane séchant par zones radiales, à marge striée et irrégulière. **Lames** fines, larges, blanchâtres devenant rosâtres, puis brunes. **Pied** fin et fragile, blanchâtre à beige clair. **Chair** blanche.

BIOTOPE Bois de feuillus, notamment les hêtres. En troupes nombreuses. De septembre à décembre. Très fréquent.

COMESTIBILITÉ Toxique.

PLUTÉE DU CERF

Pluteus cervinus

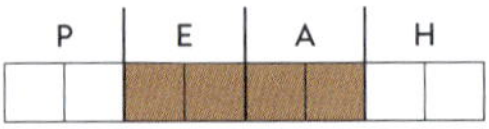

DESCRIPTION **Chapeau** de 5 à 15 cm, mamelonné, soyeux, fauve à brun foncé, généralement plus sombre au centre, parfois ridé radialement. **Lames** libres, très fines et serrées, blanches, puis roses à maturité. **Pied** épaissi à la base, blanc sale, couvert de fibrilles brunâtres. **Chair** blanche à odeur de radis.

BIOTOPE Branches mortes, souches, bois pourrissant et même sciure de bois, dans les parcs, bois clairs, bois défrichés et feuillus en général. De juin à décembre. Très fréquent.

COMESTIBILITÉ Comestible sans intérêt.

PSATHYRELLE VELOUTÉE

Lacrymaria lacrymabunda

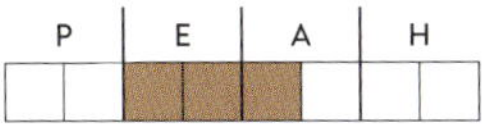

DESCRIPTION **Chapeau** de 2 à 10 cm, à mamelon plus ou moins net, cannelle à gris brunâtre, entièrement velouté et fibrilleux. Cortine blanche vite déchirée en lambeaux laineux, noircis par les spores à maturité. **Lames** serrées, brunes puis très vite noirâtres, laissant perler des gouttes limpides chez le jeune. **Pied** très cassant, blanchâtre, taché de brun vers le bas ; reste de cortine noire à maturité. **Chair** ferme et peu épaisse, cassante et fragile.

BIOTOPE Prairies, parcs, jardins, lisières, bords de chemins… De juin à octobre. Très fréquente.

COMESTIBILITÉ Comestible jeune (uniquement le chapeau).

COPRIN DES BOIS

Coprinus silvaticus

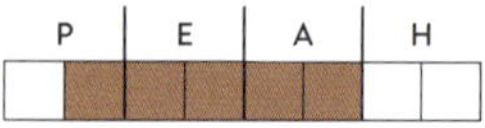

DESCRIPTION **Chapeau** de 1 à 3 cm, chamois clair à brun clair, plus foncé au centre, devenant grisâtre en vieillissant, à marge striée et cannelée à partir du centre. **Lames** serrées, blanches, passant successivement au gris brunâtre, puis au noir. **Pied** long, blanc devenant chamois pâle vers la base. **Chair** blanchâtre chez le jeune, puis grisonnante.

BIOTOPE Sur les débris ligneux enfouis des bois de feuillus aérés, bords des allées et clairières. En troupes ou petites touffes. De mai jusqu'aux premières gelées. Peu fréquent.

COMESTIBILITÉ Non comestible.

CONFUSION *Coprinus micaceus* (coprin micacé, p. 147).

COPRIN MICACÉ

Coprinellus micaceus

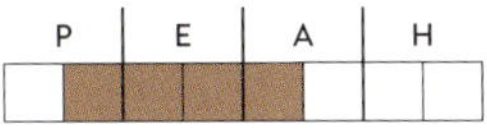

DESCRIPTION **Chapeau** de 2 à 5 cm, beige, jaune rouille, ocre, brun, plus foncé au centre, finement strié radialement, du bord du chapeau presque jusqu'au centre, et couvert de minuscules flocons brillants. **Lames** fines et serrées, blanchâtres devenant vite brun foncé, puis déliquescentes à maturit. **Pied** grêle, fibrilleux, blanchâtre paraissant translucide, pruineux à floconneux surtout vers la base. **Chair** très fine, ocre.

BIOTOPE Sur ou autour de vieilles souches des bois de feuillus, parcs et sentiers. En touffes. De mai à novembre. Fréquent.

COMESTIBILITÉ Non comestible.

COPRIN NOIR D'ENCRE

Coprinopsis atramentaria

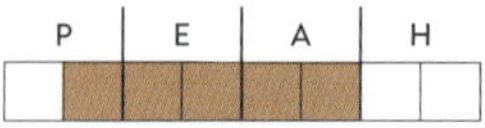

DESCRIPTION **Chapeau** de 4 à 8 cm, creusé de sillons longitudinaux, gris cendré à gris-brun, plus foncé au sommet, légèrement pruineux, taché d'écailles sur le haut. **Lames** très serrées, gris rosé puis finissant par devenir noires d'encre en se liquéfiant. **Pied** court et épais au début, s'étirant nettement dans l'âge, blanchâtre, souvent couvert d'écailles dans la partie supérieure. **Chair** blanche très fine.

BIOTOPE Bois pourrissants enterrés ou racines, sous les bois clairs de feuillus ou mixtes, en lisières, parcs et jardins. En touffes. Fréquent.

COMESTIBILITÉ À éviter, même si comestible très jeune, à condition de ne pas boire d'alcool ni avant, ni pendant, ni après sa consommation, et rester sobre au moins quelques heures durant.

COPRIN CHEVELU

Coprinus comatus

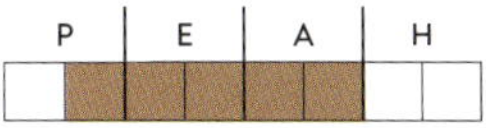

DESCRIPTION **Chapeau** de 5 à 13 cm de de haut lorsqu'il est fermé, se déployant rapidement pour devenir conique, couvert de mèches laineuses blanches puis brunissantes. **Lames** blanches, vite roses et enfin noires, se liquéfiant. **Pied** long (jusqu'à 25 cm, voire plus), creux, blanc rosé et renflé à la base. Anneau blanc, léger et mobile. **Chair** blanche, puis rosée et enfin noirâtre.

BIOTOPE Lieux herbeux, aérés, parcs, jardins. Souvent en groupes. D'avril à décembre. Fréquent.

COMESTIBILITÉ Excellent comestible très jeune (chapeau), quand les lames sont encore blanches. À consommer le jour de la récolte.

LÉPIOTE CRÊTÉE

Lepiota cristata

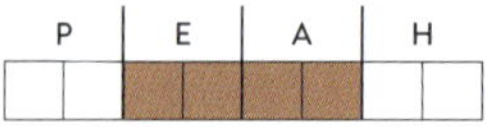

DESCRIPTION **Chapeau** de 2 à 5 cm, blanc couvert d'écailles rousses, avec mamelon brun-roux bien marqué. **Lames** blanches, libres, épaisses et serrées. **Pied** blanc, rose vineux vers le bas ; anneau blanc et fragile, fugace, disparaissant généralement rapidement. **Chair** blanche à odeur forte et désagréable.

BIOTOPE Lisière ou clairière des bois de feuillus ou de conifères herbus et aérés, parcs et pelouses arborées, abords des haies. De juin à novembre. Fréquente.

COMESTIBILITÉ Toxique. Ne jamais consommer les lépiotes inférieures à 10 cm, aussi bien en diamètre qu'en hauteur.

LÉPIOTE DE JOSSERAND

Lepiota josserandii

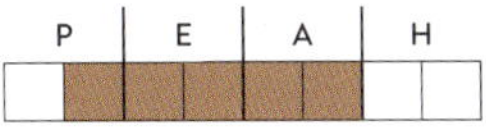

DESCRIPTION **Chapeau** de 2 à 5 cm, plus ou moins mamelonné, à écailles concentriques brun-roux bien marquées sur le fond blanchâtre ou rosâtre, et à calotte brun-roux bien nette. **Lames** blanches puis crèmes, finement crénelées. **Pied** grêle, blanc en haut, rose vineux en bas (surtout au froissement). Anneau laineux blanchâtre, fragile, vite disparu. **Chair** blanche à forte odeur de caoutchouc.

BIOTOPE Parcs arborés et bois de feuillus, taillis et jardins d'agrément, parfois dans les vignobles, appréciant les terres enrichies naturellement. De mai à novembre. Peu fréquente.

COMESTIBILITÉ Mortelle. Ne jamais consommer les lépiotes inférieures à 10 cm, aussi bien en diamètre qu'en hauteur.

LÉPIOTE EN BOUCLIER

Lepiota clypeolaria

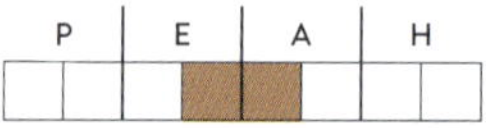

DESCRIPTION **Chapeau** de 5 à 8 cm, déchiré en verrues concentriques ocre s'éclaircissant vers la marge, sur fond blanc-crème. Marge vite déchirée, effilochée radialement dans l'âge. **Lames** libres, blanches. **Pied** blanc immuable, laineux de la base jusqu'à une zone annulaire mal définie, entièrement floconneuse elle aussi, fugace. **Chair** blanche.

BIOTOPE Bois de feuillus plutôt aérés, plus rarement sous taillis et haies de cyprès dans les parcs. D'août à octobre. Fréquente.

COMESTIBILITÉ Suspectée de toxicité. Ne jamais consommer les lépiotes inférieures à 10 cm, aussi bien en diamètre qu'en hauteur.

LÉPIOTE BRUN-INCARNAT

Lepiota brunneo-incarnata

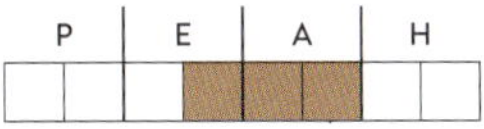

DESCRIPTION **Chapeau** de 3 à 7 cm, blanchâtre ou rosé, couvert de petites écailles brun rosé. **Lames** libres, blanches. **Pied** court, blanchâtre à rose pâle, portant parfois de fines mèches brunâtres de la base jusqu'à l'anneau. Anneau fugace souvent réduit à un bourrelet rosé à ocre.

BIOTOPE Bois aérés et leurs lisières, parcs, jardins, haies et buissons. De juillet à décembre. Assez rare.

COMESTIBILITÉ Mortelle. Ne jamais consommer les lépiotes inférieures à 10 cm, aussi bien en diamètre qu'en hauteur.

CONFUSIONS Avec les lépiotes comestibles, mais leur taille est nettement plus grande.

LÉPIOTE EXCORIÉE

Macrolepiota excoriata

P		E		A		H	
			■	■			

DESCRIPTION **Chapeau** de 5 à 12 cm, mamelonné, excorié à pelucheux, beige pâle un peu plus foncé au centre. **Lames** blanches très faiblement brunissantes. **Pied** court avec un léger bulbe à la base. Anneau simple ou peu épais, étroit, persistant et coulissant. **Chair** pâle, immuable.

BIOTOPE Champs, prés, parcs, bois aérés et lisières, chemins forestiers. D'août à novembre. Fréquente.

COMESTIBILITÉ Bon comestible (chapeau). Par précaution, ne jamais consommer les lépiotes inférieures à 10 cm, aussi bien en diamètre qu'en hauteur.

CONFUSIONS Les petites lépiotes brunes.

LÉPIOTE ÉLEVÉE

Macrolepiota procera

P		E		A		H	

DESCRIPTION **Chapeau** de 10 à 30 cm, ovoïde, puis s'étalant largement, à net mamelon ; marqué d'écailles brunes concentriques, sur fond crème à beige clair. **Lames** blanches, puis légèrement jaunissantes. **Pied** long (jusqu'à 40 cm), bulbeux, typiquement chiné en zigzags et orné d'un double anneau épais, frangé et coulissant. **Chair** blanche.

BIOTOPE Bordure de haies, de bois clairs ou de prés, landes, clairières et prairies non entretenues. De juillet à octobre. Fréquente.

COMESTIBILITÉ Très bon comestible (chapeau). Par précaution, ne jamais consommer les lépiotes inférieures à 10 cm, aussi bien en diamètre qu'en hauteur.

CONFUSION *Macrolepiota rhacodes* (lépiote déguenillée, p. 157).

LÉPIOTE DE KONRAD

Macrolepiota konradii

P E A H

DESCRIPTION **Chapeau** de 5 à 12 cm, à net mamelon, crème, avec disque central brun déchiré en étoile et quelques écailles isolées (mais absentes à la marge). **Lames** serrées, blanches à légers reflets roses. **Pied** blanchâtre sous le chapeau, brun pâle et chiné de fines fibrilles sous l'anneau simple et blanc. **Chair** blanche, un peu rosissante.

BIOTOPE Bois de feuillus, de conifères ou mixtes, lisières, clairières, chemins. D'août à novembre. Assez fréquente.

COMESTIBILITÉ Bon comestible. Par précaution, ne jamais consommer les lépiotes inférieures à 10 cm, aussi bien en diamètre qu'en hauteur.

LÉPIOTE DÉGUENILLÉE

Macrolepiota rhacodes

P	E	A	H

DESCRIPTION **Chapeau** de 8 à 12 cm, sans mamelon, brunâtre, à grosses écailles concentriques retroussées. **Lames** serrées, larges et épaisses, blanches, roussissant au toucher. **Pied** à gros bulbe, blanc sale puis brunissant, surtout à la base, avec double anneau persistant et coulissant. **Chair** blanche virant rapidement au rouge à l'air.

BIOTOPE Bois de conifères ou mixtes, taillis, parcs, haies, parfois dans les jardins. De juin à décembre. Assez fréquente.

COMESTIBILITÉ Très bon comestible. Par précaution, ne jamais consommer les lépiotes inférieures à 10 cm, aussi bien en diamètre qu'en hauteur.

CONFUSION *Macrolepiota procera* (lépiote élevée, p. 155).

LÉPIOTE PUDIQUE

Leucoagaricus leucothites

P	E	A	H

DESCRIPTION **Chapeau** de 5 à 12 cm, lisse, blanc devenant légèrement gris-beige avec l'âge, surtout sur le disque central. **Lames** libres et serrées, blanches devenant rose pâle en vieillissant. **Pied** bulbeux à la base, blanc, jaunissant légèrement au toucher, à anneau blanc, mince et coulissant, fugace. **Chair** épaisse, blanche.

BIOTOPE Prairies, parcs, jardins, lisières de bois, chemins et bords de routes. De juin à octobre. Assez fréquente.

COMESTIBILITÉ Très bon comestible à chair tendre.

CONFUSIONS Amanites blanches (mais possèdent toujours une volve) et *Agaricus xanthoderma* (agaric jaunissant, p. 161).

AGARIC CHAMPÊTRE

Agaricus campestre

P E A H

DESCRIPTION **Chapeau** de 3 à 10 cm, charnu, blanc velouté ou jaunissant légèrement, parfois partiellement ou totalement couvert d'écailles blanches brunissant avec l'âge. **Lames** serrées, rose pâle, puis rose vif et enfin noirâtres. **Pied** blanc, floconneux dans le haut, avec anneau simple, fugace. **Chair** blanche, rosissant faiblement à la coupe.

BIOTOPE Prés, prairies, pâtures (surtout où paissent les chevaux) et bordures herbeuses. De mai à octobre. Fréquent.

COMESTIBILITÉ Excellent comestible. À consommer jeune, lorsque les lames sont encore roses.

CONFUSION *Agaricus xanthoderma* (agaric jaunissant, p. 161) et amanites blanches (mais possèdent toujours une volve).

AGARIC DES JACHÈRES

Agaricus arvensis

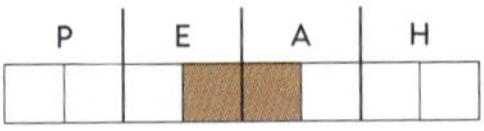

DESCRIPTION **Chapeau** de 7 à 15 cm, soyeux, blanc devenant jaunâtre au toucher, puis brun-jaune. **Lames** étroites, gris pâle devenant rosé, puis noirâtre. **Pied** robuste, légèrement renflé vers la base, blanc à tendance jaunâtre, avec anneau ample et légèrement crénelé. **Chair** blanche jaunissant légèrement à la coupe, à odeur d'anis.

BIOTOPE Prés, pacages, parcs, clairières, lisières des bois de feuillus. D'août à octobre (plus rare au printemps). Peu fréquent.

COMESTIBILITÉ Très bon comestible, à consommer jeune, lorsque le voile membraneux cache encore les lames.

CONFUSION *Agaricus xanthoderma* (agaric jaunissant, p. 161) et amanites blanches (mais possèdent toujours une volve).

AGARIC JAUNISSANT

Agaricus xanthoderma

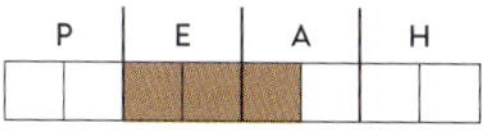

DESCRIPTION **Chapeau** de 5 à 12 cm, blanc soyeux, jaunissant nettement au contact puis virant au brun foncé. **Lames** blanches puis rose vif, et enfin brunes. **Pied** blanc jaunissant fortement au contact, de même que l'anneau persistant. **Chair** blanche virant instantanément au jaune vif, surtout dans le bulbe, puis brunissant, à odeur désagréable d'encre.

BIOTOPE Lisières de forêts, jardins, parcs, pâtures et prairies amendées. En troupes nombreuses. De juillet à octobre. Fréquent.

COMESTIBILITÉ Légèrement toxique.

CONFUSIONS Avec les agarics comestibles (mais leur chair ne jaunit pas, ou moins fortement, et ils dégagent une odeur d'anis).

AGARIC DES FORÊTS

Agaricus silvaticus

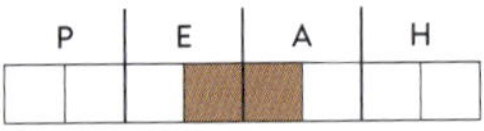

DESCRIPTION **Chapeau** de 5 à 12 cm, peu charnu, couvert d'écailles brun-roux sur fond pâle, serrées au centre, plus larges et triangulaires vers la marge. **Lames** serrées, libres, gris-rose brunissant avec l'âge. **Pied** élancé, souvent courbe, blanc puis roussissant, lisse au dessus de l'anneau, floconneux en dessous, bulbeux à la base. Anneau ample, haut placé, blanc puis brunissant. **Chair** blanche rougissant plus ou moins fortement à la coupe avant de brunir lentement.

BIOTOPE Bois de conifères (épicéa notamment) et mixtes. Sol calcaire. D'août à octobre. Fréquent.

COMESTIBILITÉ Bon comestible.

AGARIC MÉLÉAGRE

Agaricus praeclaresquamosus

P		E		A		H	

DESCRIPTION **Chapeau** de 6 à 15 cm, typiquement plat au sommet ou avec une légère dépression au centre, parsemé d'écailles brunâtres sur fond beige clair, le centre restant lisse et brun. **Lames** serrées, libres, blanches puis rose vif et enfin brun foncé. **Pied** blanc à gris sale, jaunissant au contact, surtout vers le bulbe, à anneau ample floconneux. **Chair** blanche, grisonnante, jaune dans le bulbe, forte odeur d'encre.

BIOTOPE Bois clairs de feuillus, parfois bois mixtes (pins), surtout dans les zones humides. De juin à décembre. Assez fréquent.

COMESTIBILITÉ Suspecté de toxicité.

AMANITE PHALLOÏDE

Amanita phalloides

P	E	A	H

DESCRIPTION **Chapeau** de 5 à 12 cm, vert pâle à vert olive, parfois jaunâtre, grisâtre ou même blanc pur, finement rayé radialement. **Lames** fines et serrées, blanches à reflets verdâtres. **Pied** blanchâtre, parfois chiné de verdâtre, à anneau ample et strié, persistant mais disparaissant parfois entièrement, et à bulbe enserré dans une volve blanche volumineuse. **Chair** blanche, jaune verdâtre sous la cuticule.

BIOTOPE Bois de feuillus, parfois de conifères. De juillet à novembre, avec fortes poussées de septembre à octobre. Très fréquente.

COMESTIBILITÉ Mortelle.

CONFUSIONS Avec de nombreux champignons comestibles (agarics, russules, tricholomes...), sa couleur pouvant varier fortement d'un spécimen à l'autre.

AMANITE À VOLVE GRISE

Amanita submembranacea

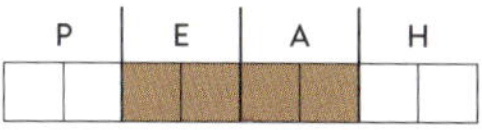

DESCRIPTION **Chapeau** de 6 à 12 cm, nettement cannelé sur la marge, de couleur assez variable (brun clair à brun foncé ou gris plomb), avec parfois quelques restes de volve grisâtres. **Lames** larges, blanches virant au grisâtre. **Pied** blanchâtre puis ocre, légèrement chiné de gris-jaune ou de brun verdâtre, à volve grise irrégulière et déchirée. **Chair** blanche.

BIOTOPE Bois de conifères principalement, en montagne, plus rarement de feuillus. Sol acide. De juillet à novembre. Assez fréquente.

COMESTIBILITÉ Non comestible.

AMANITE CITRINE

Amanita citrina

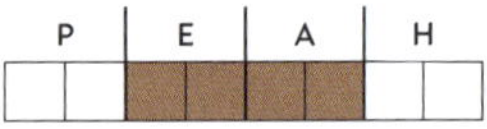

DESCRIPTION **Chapeau** de 5 à 10 cm, jaune citron à jaune pâle ou blanchâtre, plus ou moins couvert de plaques blanchâtres à ocres (parfois absentes). **Lames** fines et serrées, blanches à jaunâtres. **Pied** blanc-jaune, à large anneau jaunâtre à jaune citrin clair, strié sur le dessus, persistant, et à volumineux bulbe blanchâtre engainé par une volve. **Chair** blanche à odeur de rave ou de pomme de terre crue.

BIOTOPE Bois aérés de conifères ou de feuillus (chênes). De juillet à novembre. Fréquente.

COMESTIBILITÉ Comestible sans intérêt, par ailleurs toxique cru.

CONFUSIONS *Amanita phalloides* (amanite phalloïde, p. 164), les amanites blanches et les agarics.

AMANITE JONQUILLE

Amanita junquillea

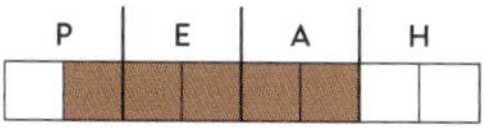

DESCRIPTION **Chapeau** de 5 à 12 cm, jaune paille à ocre, satiné ou luisant, parfois couvert de fragments de voile blanc, à marge faiblement striée. **Lames** fines et serrées, blanchâtres. **Pied** blanc, légèrement pelucheux, à anneau fugace et à volve blanche disparaissant en vieillissant. **Chair** blanche, jaunâtre sous la cuticule.

BIOTOPE Bois de conifères (pins), de feuillus (hêtres) ou mixtes. Sols acides et sablonneux. De mai à novembre. Fréquente.

COMESTIBILITÉ Toxique.

CONFUSION *Amanita pantherina* (amanite panthère, p. 171), *Amanita phalloides* (amanite phalloïde, p. 164) et *Amanita citrina* (amanite citrine, ci-contre).

AMANITE TUE-MOUCHES

Amanita muscaria

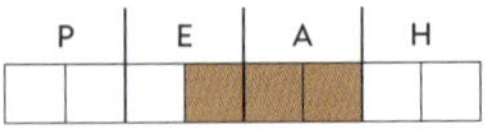

DESCRIPTION **Chapeau** de 8 à plus de 20 cm, rouge à rouge orangé luisant, parsemés de verrues blanches puis jaunâtres, à marge parfois courtement striée. **Lames** serrées, blanches puis jaunissant légèrement. **Pied** pelucheux, blanc parfois jaune, à large anneau dentelé et à bulbe blanc orné de bourrelets concentriques à la base.

BIOTOPE Bois de feuillus aérés (bouleaux) et de conifères (pins, épicéas, etc), lisières. D'août à novembre. Très courante.

COMESTIBILITÉ Toxique.

CONFUSION *Amanita caesarea* (amanite des césars, ci-contre).

AMANITE DES CÉSARS

Amanita caesarea

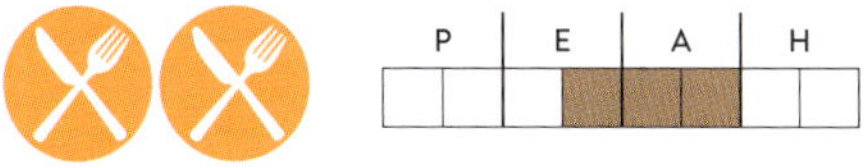

DESCRIPTION **Chapeau** de 8 à 17 cm, épais et lisse, rouge orangé luisant, à marge striée jaune d'or, souvent couverte de grands lambeaux de volve blancs. **Lames** épaisses, serrées, jaune d'or clair. **Pied** robuste, droit ou légèrement courbé, de la couleur des lames, à anneau jaune strié, membraneux, et à volve épaisse, blanc grisâtre.

BIOTOPE Bois clairs de feuillus (chênes verts, chênes-lièges, châtaigniers notamment). Thermophile. De la mi-août à la mi-novembre. Peu fréquente.

COMESTIBILITÉ Excellent comestible à la saveur de noisette.

CONFUSION *Amanita muscaria* (amanite tue-mouches, ci-contre).

AMANITE SAFRAN

Amanita crocea

P		E		A		H	

DESCRIPTION **Chapeau** de 7 à 15 cm, à petit mamelon, fauve orangé à orangé clair, à marge plus claire nettement striée. **Lames** libres, blanches à reflets jaune orangé. **Pied** lisse à un peu pruineux, blanc à jaunâtre, marbré de bandes floconneuses ocre, sans anneau, à volve jaune orangé à l'intérieur. **Chair** blanche, jaune orangé pâle sous la cuticule.

BIOTOPE Bois de feuillus, moins courante dans les bois de conifères. De juillet à novembre. Assez fréquente, notamment dans le Sud.

COMESTIBILITÉ Sans intérêt culinaire et suspectée de toxicité.

CONFUSION *Amanita caesarea* (amanite des Césars, p. 169).

AMANITE PANTHÈRE

Amanita pantherina

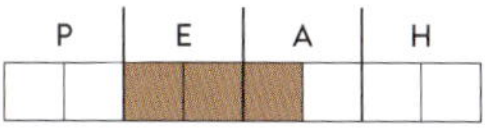

DESCRIPTION **Chapeau** de 5 à 15 cm, brun clair à brun foncé, parsemé de verrues blanc pur fugaces, souvent disposées en cercle, à marge nettement striée. **Lames** libres et larges, serrées, blanches. **Pied** blanc, de même que l'anneau fugace situé à mi-hauteur, non strié, à bulbe sans volve, mais surmonté de deux ou trois bourrelets. **Chair** blanche à légère odeur de radis ou terreuse.

BIOTOPE Bois de feuillus ou de conifères, parfois autour des arbres isolés dans les jachères,voire dans les prairies non plantées. De juillet à octobre. Assez fréquente.

COMESTIBILITÉ Mortelle.

CONFUSION *Amanita rubescens* (amanite rougissante, p. 172).

AMANITE ROUGISSANTE

Amanita rubescens

P E A H

DESCRIPTION **Chapeau** de 5 à 15 cm, crème à brun clair, virant au brun vineux avec l'âge, recouvert de plaques concentriques blanches à rougeâtres, à marge à peine striée. **Lames** serrées, ventrues, blanches devenant rose vineux à la cassure. **Pied** blanchâtre, rouge aux blessures, à anneau persistant, strié, et à bulbe rougeâtre sans volve. **Chair** blanche virant au rouge au contact de l'air.

BIOTOPE Bois clairs de feuillus ou de conifères, lisières. De mai à novembre. Très fréquente.

COMESTIBILITÉ Comestible cuite (uniquement le chapeau).

CONFUSION *Amanita pantherina* (amanite panthère, p. 171).

AMANITE ENGAINÉE

Amania vaginata

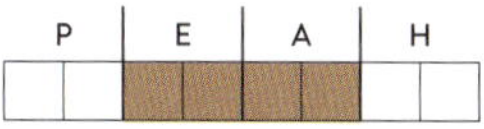

DESCRIPTION **Chapeau** de 4 à 10 cm, mamelonné, grisâtre à gris brunâtre, à marge striée. **Lames** libres, peu serrées, blanches. **Pied** élancé, non bulbeux, blanc plus ou moins couvert de squames gris clair, sans anneau, à volve engainante blanche parfois marquée de roux. **Chair** blanche à odeur de rave.

BIOTOPE Bois aérés de feuillus et de conifères, lisières ou clairières. De juin à novembre. Fréquente.

COMESTIBILITÉ Comestible cuite, mais mieux vaut la délaisser pour éviter les confusions avec des cousines toxiques.

CONFUSIONS *Amanita pantherina* (amanite panthère, p. 171) et *Amanita phalloides* (amanite phalloïde, p. 164)

AMANITE ÉPAISSE

Amanita spissa

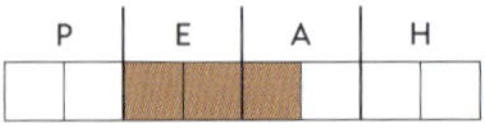

DESCRIPTION **Chapeau** de 7 à 15 cm, beige à cannelle ou marron clair, légèrement luisant, couvert de squames grisâtres, à marge unie. **Lames** blanches, fines et assez serrées, à lamelles et lamellules intercalées. **Pied** blanc chiné de grisâtre à brunâtre au-dessous de l'anneau, à ample anneau blanc persistant, nettement strié. **Chair** blanche immuable.

BIOTOPE Bois de conifères, plus rarement de feuillus (surtout les chênes). De juillet à octobre. Fréquente.

COMESTIBILITÉ Comestible médiocre.

CONFUSIONS *Amanita pantherina* (amanite panthère, p. 171) et *Amanita rubescens* (amanite rougissante, p. 172).

AMANITE SOLITAIRE

Amanita strobiliformis

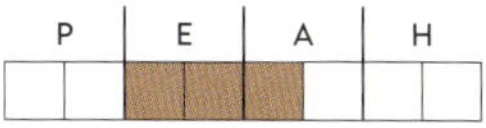

DESCRIPTION **Chapeau** jde 8 à 20 cm, charnu, blanchâtre à grisâtre, orné d'épaisses plaques floconneuses crème à brunâtres, à marge non striée. **Lames** libres, épaisses, blanches puis crèmes. **Pied** robuste, bulbeux, blanc avec larges squames, à anneau fugace floconneux et frangé, haut placé. **Chair** épaisse, blanche, odeur agréable de noix.

BIOTOPE Bois de feuillus ou mixtes. Sols calcaires. De juillet à septembre. Peu fréquente.

COMESTIBILITÉ Bon comestible.

CONFUSIONS Risque élevé de confusion avec des amanites blanches. Il faut donc l'aborder avec une extrême prudence... ou la laisser sur place.

AMANITE VIREUSE

Amanita virosa

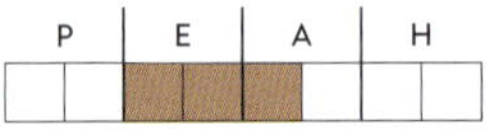

DESCRIPTION **Chapeau** de 5 à 10 cm, souvent mamelonné et penché d'un côté, blanc ou crème, à marge lisse. **Lames** libres et fines, blanches. **Pied** élancé, pelucheux, plus ou moins excentré, à anneau fugace floconneux, strié sur le dessus, et à volve blanche plus ou moins engainante. **Chair** blanche immuable à odeur désagréable.

BIOTOPE Bois de feuillus ou mixtes, en moyenne montagne. Sol acide. De juin à octobre. Plus fréquente au nord de la Loire qu'au sud.

COMESTIBILITÉ Mortelle.

CONFUSION *Agaricus silvicola* (agaric des bois) aux lames roses, puis brunes, et sans volve.

AMANITE PRINTANIÈRE

Amanita verna

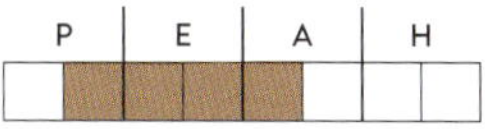

DESCRIPTION **Chapeau** de 4 à 10 cm, peu épais, blanc à ocre pâle, paraissant satiné, parfois légèrement visqueux lorsqu'il fait humide, à marge lisse. **Lames** libres, blanches, puis légèrement ocre dans l'âge. **Pied** blanc et lisse, s'épaississant vers la base, à anneau blanc persistant et à volve blanche engainante. **Chair** blanche, inodore.

BIOTOPE Bois de feuillus aérés, lisières, plus rarement de conifères, taillis ou bordure de haies. De mai à octobre. Rare (nord) à peu fréquent (sud).

COMESTIBILITÉ Mortelle.

CONFUSION *Leucoagaricus leucothites* (lépiote pudique, p. 158).

CYATHE STRIÉ

Cyathus striatus

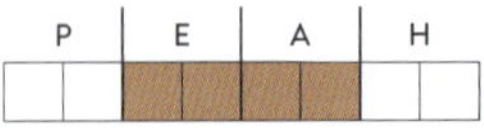

DESCRIPTION **Chapeau** de 8 à 13 mm, d'abord ovale et clos, puis s'ouvrant en cornet, dont l'ouverture est obturée d'une membrane blanchâtre se déchirant ensuite. **Enveloppe externe** couverte de poils bruns et raides. **Enveloppe interne** glabre, grisâtre à brunâtre pâle, nettement striée. Au fond se trouve une dizaine de grains de 1 à 2 mm, puis brun-noir, prolongés de filaments assez longs.

BIOTOPE Bois de feuillus ou de conifères, sur souches, troncs ou branches mortes (souvent recouverts de mousse). De juin à novembre. Assez fréquent.

COMESTIBILITÉ Non comestible.

BOVISTE PLOMBÉE

Bovista plumbea

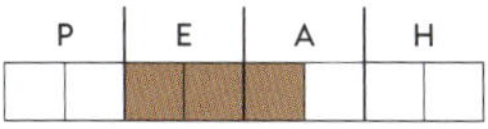

DESCRIPTION **Chapeau** de 1 à 5 cm, sans pied, de forme sphérique parfois irrégulière. **Enveloppe externe** légèrement granuleuse ou presque lisse, blanche devenant jaunâtre à maturité, et s'écaillant, découvrant l'enveloppe interne. **Enveloppe interne** jaunâtre, puis grise (couleur de plomb), avec un large pore irrégulier au sommet. **Chair** blanche, puis jaune et enfin brune, pulvérulente à maturité.

BIOTOPE Prairies herbues, prés, parcs, pelouses, bords des routes. , Souvent en altitude. En petits groupes. De juin à octobre. Fréquente.

COMESTIBILITÉ Médiocre comestible, et uniquement les jeunes spécimens.

VESSE-DE-LOUP DES PRÉS

Lycoperdon pratense

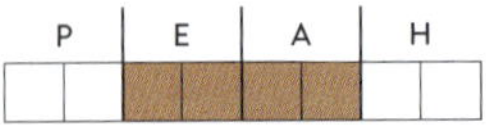

DESCRIPTION **Chapeau** globuleux de 2 à 6 cm, le plus souvent aplati au sommet, à pied inexistant ou très court. **Enveloppe externe** blanche à crème, granuleuse à finement hérissé jeune, mais vite dénudée. La partie supérieure s'ouvre à maturité par un pore déchiqueté, pour laisser s'échapper les spores en une poudre grise. **Chair** blanche, puis brune, devenant pulvérulente.

BIOTOPE Lisières des bois, bords de chemins, pelouses, prés, pâtures. De juillet à novembre. Très fréquente.

COMESTIBILITÉ Comestible jeune (la chair à l'intérieur doit être encore blanche), mais sans intérêt.

VESSE-DE-LOUP PERLÉE

Lycoperdon perlatum

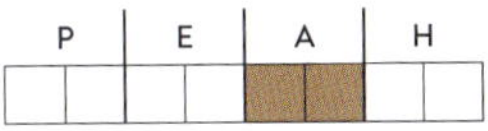

DESCRIPTION **Chapeau** de 3 à 6 cm, plus ou moins en forme de poire. **Enveloppe externe** blanc pur puis crème, couverte de petits aiguillons persistants et de grands aiguillons de 1 à 2 mm fugaces. La partie supérieure s'ouvre à maturité par un pore déchiqueté, pour laisser s'échapper les spores. **Pied** non marqué de même couleur que le chapeau, rétréci à la base, également recouvert d'aiguillons. **Chair** blanche, puis jaune olive, et enfin brune pulvérulente.

BIOTOPE Bois de feuillus ou de conifères, sur les litières de feuilles ou d'aiguilles. De juin au mois de décembre. Très fréquente.

COMESTIBILITÉ Comestible jeune (la chair à l'intérieur doit être encore blanche), mais sans intérêt.

VESSE-DE-LOUP GÉANTE

Calvatia gigantea

P	E	A	H

DESCRIPTION **Chapeau** de 20 à 50 cm, mais pouvant aller jusqu'à 120 cm et peser plus de 10 kg, de forme sphérique irrégulière, relativement bosselée et parfois même nervurée, déprimée à la base. **Enveloppe externe** blanche à crème, lisse, s'ouvrant à maturité par un pore déchiqueté. **Chair** blanche et dense, devenant verdâtre, puis brun-vert pulvérulent.

BIOTOPE Bords de haies et de chemins, talus, prés et toutes zones herbeuses en général. D'avril à octobre. Fréquente.

COMESTIBILITÉ Bon comestible jeune, quand sa chair est blanche.

CALVATIE EN OUTRE

Handkea utriformis

P E A H

DESCRIPTION **Chapeau** massif, globuleux, de 6 à 15 cm (parfois 20 cm), rétréci à la base en un faux pied. **Enveloppe externe** blanche, grisâtre ou jaunâtre, s'ouvrant à maturité par un pore déchiqueté, couverte de verrues blanches pyramidales cotonneuses disparaissant dans l'âge. **Enveloppe interne** mince, brunâtre à la fin. **Chair** blanche, puis jaune olive et enfin brune et pulvérulente, à odeur forte peu agréable.

BIOTOPE Prés et pâturages non fertilisés. Solitaire ou en groupes de quelques individus. De juin à octobre. Peu fréquente.

COMESTIBILITÉ Comestible jeune, mais accumule le mercure...

GIROLLE COMMUNE

Cantharellus cibarius

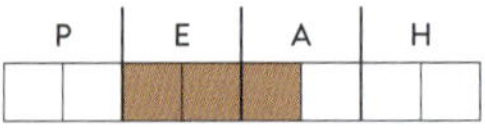

DESCRIPTION **Chapeau** de 2,5 à 9 cm, jaune doré, convexe à l'état jeune, puis en forme d'entonnoir. **Plis** larges et réguliers, qui se prolongent sur le pied. **Pied** de même couleur que le chapeau. **Chair** ferme et blanche, devenant jaunâtre au fil du temps.

BIOTOPE Sur la mousse des bois de feuillus aérés (chênes et châtaigniers notamment) ou de conifères, surtout en mélange avec des feuillus. De juin à octobre. Très fréquente.

COMESTIBILITÉ Excellent comestible, jamais véreuse.

CONFUSIONS *Omphalotus olearius* (clitocybe de l'olivier, p. 31) et *Hygrophoropsis aurantiaca* (clitocybe orangé, p. 29).

CHANTERELLE EN TUBE

Craterellus tubaeformis

P E A H

DESCRIPTION **Chapeau** de 2 à 5 cm, jaune virant au brun avec l'âge, en entonnoir perforé en son centre qui traverse le pied ; marge ondulée. **Plis** larges et décurrents, jaunes puis brunissant. **Pied** long (de 5 à 13 cm) et flexueux, creux, de couleur jaune vif se ternissant avec l'âge ou l'exposition, souvent plus foncé vers le chapeau.

BIOTOPE Sur la mousse, les litières d'aiguilles de pins et de fougères des bois de conifères, dans l'herbe de leurs éclaircies, aux abords de vieilles souches, mais aussi parmi les feuillus En larges plaques. En novembre et décembre. Très fréquente.

COMESTIBILITÉ Bon comestible, mais de consistance un peu élastique.

CONFUSIONS Avec d'autres chanterelles.

186 | **CANTHARELLALES**

CHANTERELLE JAUNISSANTE

Craterellus lutescens

P		E		A		H	

DESCRIPTION **Chapeau** de 3 à 7 cm, en entonnoirpuis s'aplanissant, à surface ridée, parfois troué au centre, jaune orangé à brunâtre, à marge ondulée. **Plis** épais, jaunes ou rosâtres. **Pied** jaune vif, souvent comprimé et plus ou moins sillonné.

BIOTOPE Bois de conifères essentiellement, dans la mousse. En troupes nombreuses. D'octobre à décembre. Fréquente.

COMESTIBILITÉ Très bon comestible, très parfumée.

CONFUSIONS Avec d'autres chanterelles.

TROMPETTE DES MORTS

Craterellus cornucopioides

P	E	A	H

DESCRIPTION **Chapeau** de 2 à 12 cm, en forme de corne ou d'entonnoir profond **Face interne** gris-brun à noir selon le degré d'humidité, et parcouru de fibrilles foncées. **Face externe** paraissant ridée, le plus souvent presque lisse ou formée de vagues plis gris cendré. **Pied** creux s'ouverant sur le chapeau, gris cendré, parfois beige grisâtre, noircissant avec l'âge.

BIOTOPE Zones humides des bois de feuillus en plaine, bois de conifères en altitude (plus rare), taillis, ornières. En troupes nombreuses. De septembre à novembre, mais parfois dès juillet. Très fréquente.

COMESTIBILITÉ Très bon comestible.

PIED-DE-MOUTON

Hydnum repandum

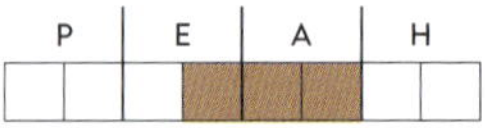

DESCRIPTION **Chapeau** de 5 à 15 cm, épais, bosselé, dissymétrique, parfois lobé, blanc crème tendant à roussir, à marge enroulée. **Aiguillons** blancs et cassants à la face inférieure. **Pied** épais, souvent excentré, parfois difforme, blanc à jaune orangé, roussissant au toucher. **Chair** blanche fonçant légèrement au contact de l'air.

BIOTOPE Bois de feuillus (chênes) ou de conifères. En groupes ou en cercles. D'août à novembre. Très fréquent.

COMESTIBILITÉ Très bon comestible à chair ferme, presque jamais véreux. À consommer de préférence jeune, car il devient amer en vieillissant.

CONFUSION *Hydnum repandum* (hydne roux, ci-contre).

HYDNE ROUX

Hydnum rufescens

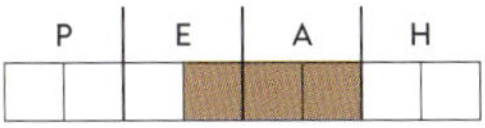

DESCRIPTION **Chapeau** de 3 à 8 cm, de forme très variable, irrégulièrement bosselé, roussâtre, à marge largement enroulée chez le jeune, puis s'étalant et devenant lobée et sinueuse. **Aiguillons** fins et cassants, jaune orangé. **Pied** central, blanc à jaune orangé, roussissant au toucher. **Chair** blanche, roussissant à l'air.

BIOTOPE Bois de feuillus (chênes et châtaigniers) et de conifères. D'août à novembre. Fréquent.

COMESTIBILITÉ Bon comestible.

CONFUSION *Hydnum repandum* (pied-de-mouton, ci-contre).

GÉASTRE ROUGEÂTRE

Geastrum rufescens

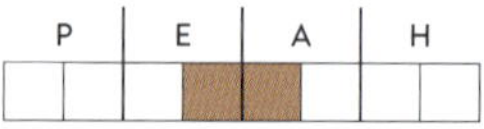

DESCRIPTION **Chapeau** de 3 à 7 cm, sphérique, se perforant au sommet à maturité pour expulser les spores. **Enveloppe externe** d'abord blanche, puis brune, charnue et très épaisse, découpée en 6 à 9 lanières peu souples et profondément crevassées en travers, formant une étoile et laissant apparaître la partie interne. **Enveloppe interne** brun terne à rosé, parfois courtement pédiculée. **Chair** blanche devenant brune et pulvérulente.

BIOTOPE Bois de feuillus ou de conifères (épicéas). Sols riches en humus. D'août à octobre. Fréquent.

COMESTIBILITÉ Non comestible.

GÉASTRE SESSILE

Geastrum sessile

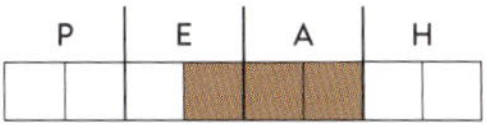

DESCRIPTION **Chapeau** de 3 à 7 cm, de forme sphérique, se perforant au sommet à maturité pour expulser la sporée. **Enveloppe externe** d'abord blanche, puis brune, charnue et très épaisse, découpée en 6 à 9 lanières souples et non crevassées, formant une étoile et laissant apparaître la partie interne. **Enveloppe interne** brun terne à rosé, non pédiculée. **Chair** blanche devenant brune et pulvérulente.

BIOTOPE Bois de feuillus ou de conifères. Sols riches en humus. D'août à novembre. Assez fréquent.

COMESTIBILITÉ Non comestible.

PHALLE IMPUDIQUE

Phallus impudicus

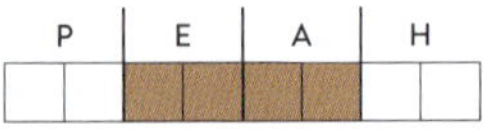

DESCRIPTION À l'état juvénile, forme sphérique blanche ressemblant à un œuf gélatineux. **Chapeau** alvéolé en forme de calotte, troué au sommet, couvert d'un mucilage visqueux vert olive, qui disparaît rapidement, laissant apparaître le blanc du chapeau. **Pied** épais, caverneux et creux, blanc, à volve engainante à la base. **Chair** blanche à odeur pestillentielle, attirant les mouches.

BIOTOPE Bois de feuillus ou de conifères, lisières, haies, voire jardins. Souvent en groupes. De mai à novembre. Très fréquent.

COMESTIBILITÉ On peut consommer l'« œuf » une fois débarrassé de sa gangue gluante, mais comestible médiocre à goût de radis.

ANTHURUS D'ARCHER

Clathrus archeri

DESCRIPTION À l'état juvénile, dans un « œuf » de 4 à 6 cm de diamètre, non enterré. **Carpophore** se déployant ensuite en une étoile de 4 à 7 ou 8 branches pointues, d'abord rattachées par leur sommet, puis se libérant, rose corail à rouge vif, maculées de plaques brun-noir contenant les spores. **Chair** alvéolée, légère et fragile à odeur très forte nauséabonde.

BIOTOPE Bois clairs de feuillus ou de conifères, clairières, lisières. De mai à novembre. Peu fréquent.

COMESTIBILITÉ Non comestible.

TRAMÈTE ROUGISSANT

Daedaleopsis confragosa

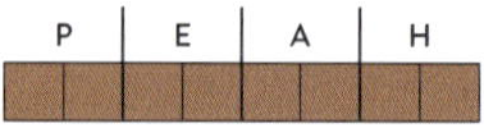

DESCRIPTION **Chapeau** de 3 à 15 cm, en forme de disque ou de demi-disque plat et fin, beige, cannelle ou roux, marqué de zones concentriques plus foncées donnant un aspect rugueux au toucher. **Pores** plus ou moins allongés, inégaux, blancs, rougissant puis brunissant avec l'âge et au toucher. **Chair** peu épaisse sauf au centre, coriace, beige, à consistance de liège.

BIOTOPE Bois de feuillus, couverts humides des bords de rivière (bouleau et peuplier). Sur souches et branches de bois mort, mais aussi parfois sur arbres vivants. Toute l'année. Très fréquent.

COMESTIBILITÉ Non comestible.

DÉDALÉE DU CHÊNE

Daedalea quercina

P	E	A	H

DESCRIPTION **Chapeau** de 5 à 20 cm, en forme de console s'épaississant vers le point d'attache, bosselé et zoné de cercles concentriques, paraissant velouté, chamois à ocre clair, à marge blanche à l'état juvénile. **Tubes** irréguliers formant comme des plis sinueux plus ou moins longs disposés en labyrinthe, de couleur blanchâtre à crème pâle. **Chair** beige, ferme et très coriace.

BIOTOPE Sur souches et troncs de feuillus (notamment chênes et châtaigniers). Toute l'année. Fréquente.

COMESTIBILITÉ Comestible sans intérêt.

TRAMÈTE ROUGE CINABRE

Pycnoporus cinnabarinus

DESCRIPTION **Chapeau** jusqu'à 10 cm, en forme d'éventail, bosselé, uniformément orange vif à rouge orangé, parfois zoné plus clair, pâlissant et devenant orange vineux dans l'âge. **Pores** circulaires ou anguleux, orangés ou rouge intense. **Chair** jaune orangé, inodore.

BIOTOPE Bois mort des feuillus morts (hêtres, cerisiers, aulnes, noisetiers, peupliers principalement). De juin à novembre. Assez fréquent.

COMESTIBILITÉ Comestible sans intérêt.

TRAMÈTE DU BOULEAU

Lenzites betulina

P		E		A		H	

DESCRIPTION **Chapeau** de 8 à 20 cm, d'abord globuleux, puis en éventail, à surface veloutée, hirsute, avec zones concentriques colorées blanc-gris, crème, brun, orange, rougeâtre..., verdi dans l'âge. **Tubes** blancs irréguliers, formant comme des plis sinueux plus ou moins longs disposés en labyrinthe. **Chair** blanche, coriace, extrêmement dure et liégeuse.

BIOTOPE Branches et troncs de feuillus morts ou vivants (bouleau principalement). Toute l'année. Fréquent à rare selon les régions.

COMESTIBILITÉ Non comestible.

POLYPORE VERSICOLORE

Trametes versicolor

P	E	A	H

DESCRIPTION **Chapeau** de 3 à 10 cm, de formes diverses (en éventail, réniforme, parfois en entonnoir...), à surface veloutée, de couleurs zonées allant du blanc au gris, beige, bleu-gris, gris violacé voire noir, plus clair à la marge. Généralement en groupes imbriqués. **Tubes** très courts, blancs puis crème, à **pores** très fins. **Chair** blanche coriace.

BIOTOPE Bois mort de hêtres et de bouleaux, mais on le trouve sur nombre d'autres essences. En groupes. Toute l'année. Très fréquent.

COMESTIBILITÉ Non comestible.

POLYPORE BOSSU

Trametes gibbosa

P		E		A		H	

DESCRIPTION **Chapeau** de 5 à 25 cm, semi-circulaire, en forme d'éventail ou de console, feutré, zoné de sillons concentriques blancs à gris, verdi sur les parties les plus anciennes, avec à la base, près du support, une bosse plus ou moins importante. **Tubes** assez longs, blancs, débouchant sur des **pores** rectangulaires, blanc jaunissant. **Chair** blanche, compacte et coriace.

BIOTOPE Souches et troncs de divers feuillus, particulièrement les hêtres. Toute l'année. Très fréquent dans le nord de la France notamment.

COMESTIBILITÉ Non comestible.

POLYPORE DU BOULEAU

Piptoporus betulinus

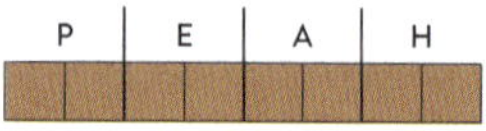

DESCRIPTION **Chapeau** de 10 à 25 cm, d'abord arrondi, puis s'étalant en console, lisse puis se fissurant en vieillissant, marron clair, parfois beige, à marge épaisse et enroulée. **Pores** blancs très étroits ; **tubes** blancs brunissant sur la fin. **Chair** blanche, épaisse, prenant rapidement une consistance de liège, grumeleuse et friable.

BIOTOPE Tronc et branches des bouleaux uniquement, morts ou affaiblis et encore érigés. Toute l'année. Très fréquent.

COMESTIBILITÉ Non comestible.

GANODERME APLANI

Ganoderma applanatum

P		E		A		H	

DESCRIPTION **Chapeau** de 10 à 50 cm, en demi-cercle, plus ou moins épais, bosselé et marqué de zones concentriques nettes mais irrégulières, d'abord blanchâtre devenat vite beige, puis rouille, recouvert d'une poudre marron chocolat à la sporulation. Marge enroulée liserée de blanc. **Pores** très fins, blancs à crème, brunissant au touche. **Chair** fibreuse, brune et marbrée de blanc dans l'âge.

BIOTOPE Souches, branches et bois mort ou vivant de feuillus (notamment le peuplier) et de conifères. Toute l'année. Fréquent.

COMESTIBILITÉ Non comestible.

AMADOUVIER

Fomes fomentarius

P | E | A | H

DESCRIPTION **Chapeau** de 10 à 40 cm de large sur 5 à 20 cm de profondeur et 5 à 20 cm d'épaisseur, en forme de sabot de cheval, plissé et bosselé de zones concentriques ondulée en bourrelets, d'abord brun puis grisâtre à ocre pâle, blanchâtre sur la fin, à marge plus ou moins ourlée et plus claire à l'état juvénile. **Pores** très petits, gris clair puis fauve à brunâtre, pouvant verdir selon l'acidité de l'atmosphère environnante. **Chair** zonée, brun-roux, à structure de liège, douce au toucher.

BIOTOPE Troncs de feuillus morts ou affaiblis (bouleaux, peupliers, chênes, platanes mais surtout hêtres). Toute l'année. Fréquent.

COMESTIBILITÉ Non comestible.

FISTULINE HÉPATIQUE

Fistulina hepatica

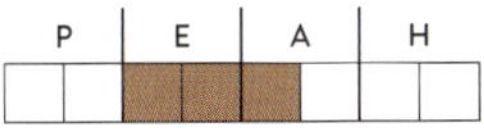

DESCRIPTION **Chapeau** de 7 à 25 cm, en forme de console ou de langue, très visqueux par temps humide, rouge brique devenant plus foncé en vieillissant, couvert de petites aspérités donnant l'impression d'une langue râpeuse, parfois portée par un pied court fixé sur le support. **Pores** blancs à jaunâtres, devenant rosés puis rouges. **Chair** rouge veinée de blanc, fibreuse et spongieuse, renfermant un suc rougeâtre légèrement salé.

BIOTOPE Au bas des troncs ou souches de chênes et de châtaigniers. De juillet à octobre (surtout en septembre). Assez fréquente.

COMESTIBILITÉ Bon comestible jeune.

POLYPORE GÉANT

Meripilus giganteus

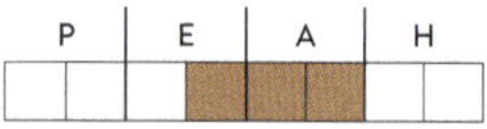

DESCRIPTION **Chapeaux** de 10 à 30 cm (mais parfois beaucoup plus), en forme de consoles peu épaisses poussant en touffes volumineuses, beige à jaune ochracé, devenant roussâtres à marron avec l'âge, à surface rugueuse, à marge sinueuse et lobée. **Pores** blanchâtres noircissant au contact. **Pied** formé de la soudure des différents chapeaux. **Chair** devenant vite coriace, blanche, rosissant, puis noircissant à la cassure.

BIOTOPE Souches et racines, mais aussi troncs des bois de feuillus (chênes, hêtres...). D'août à novembre. Assez fréquent.

COMESTIBILITÉ Comestible médiocre jeune.

POLYPORE EN TOUFFE

Grifola frondosa

P		E		A		H	

DESCRIPTION **Chapeaux** de 2 à 5 cm, en touffe, aplatis et placés latéralement, brun jaunâtre ou grisâtre, fibrillés, veloutés à rugueux, à marge blanche souvent lobée. **Pores** blanchâtres. **Pied** latéral blanchâtre, trapu et épais, se divisant en rameaux blanchâtres. **Chair** blanchâtre à odeur forte, acide.

BIOTOPE Base des troncs de feuillus (chênes notamment), parfois sur leurs racines enfouies ou affleurant à la surface. D'août à novembre. Peu fréquent.

COMESTIBILITÉ Comestible jeune.

CONFUSION *Meripilus giganteus* (polypore géant, p. 204).

CLAVAIRE CRÉPUE

Sparassis crispa

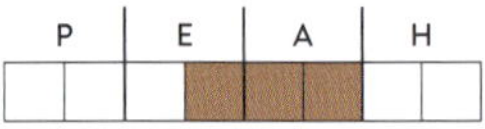

DESCRIPTION **Carpophore** en masse crépue de 10 à 50 cm de diamètre, ressemblant à une éponge ou un chou-fleur. **Rameaux** très nombreux, sinueux, aux extrémités frisées, crème à fauve clair, roussissant en vieillissant. **Pied** radicant, constitué d'un tronc épais et court, blanchâtre à jaunâtre. **Chair** jaunâtre dans les rameaux, blanche dans le pied, tendre mais devenant élastique et coriace dans l'âge.

BIOTOPE Souches ou pied de conifères (pins notamment). D'août à novembre. Assez fréquente, surtout en montagne.

COMESTIBILITÉ Bon comestible jeune.

CONFUSION *Ramaria formosa* (clavaire élégante, p. 208).

CLAVAIRE DORÉE

Ramaria aurea

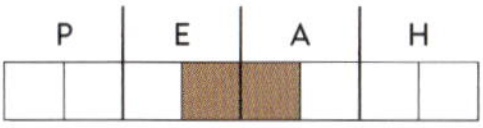

DESCRIPTION **Carpophore** de 8 à 15 cm de diamètre, en forme de corail. **Rameaux** dressés de 5 à 12 cm de haut, jaune doré plus foncé aux extrémités, légèrement tortueux et se terminant par deux pointes. **Pied** court et trapu, blanchâtre. **Chair** blanche et ferme, ne changeant pas de teinte à la cassure, à odeur légèrement épicée.

BIOTOPE Bois de feuillus (hêtres) et bois mixtes. D'août à octobre. Assez fréquente.

COMESTIBILITÉ Piètre comestible jeune.

CONFUSION *Ramaria formosa* (clavaire élégante, p. 208).

CLAVAIRE ÉLÉGANTE

Ramaria formosa

DESCRIPTION **Carpophore** de 8 à 15 cm de diamètre, en forme de corail. **Rameaux** blanchâtres teintés de rose saumoné, avec les extrémités jaune vif. La couleur devient uniformément ocre avec l'âge. **Pied** en tronc épais et court, blanc à blanc rosé. **Chair** rougissant à la coupe.

ÉCOLOGIE Bois de feuillus (hêtres) et bois mêlés. Bois de feuillus et bois mixtes. Uniquement sur le bois mort ou pourrissant. D'août à octobre. Peu fréquente.

COMESTIBILITÉ Toxique.

CONFUSIONS *Sparassis crispa* (clavaire crépue, p. 206) et *Ramaria aurea* (clavaire dorée, p. 207).

CLAVAIRE DROITE

Ramaria stricta

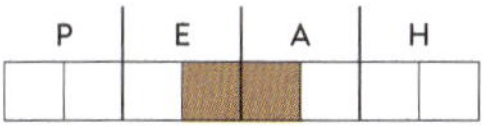

DESCRIPTION **Carpophore** de 4 à 10 cm de diamètre, en forme de buisson. **Rameaux** dressés de 5 à 10 cm de haut, ocre-jaune à fauve clair, plus clairs aux extrémités chez le jeune, plus pâles lorsqu'ils manquent de lumière. **Chair** à la saveur poivrée.

BIOTOPE Souches, troncs et branches mortes ou pourries des bois de feuillus et de conifères. En groupes. D'août à octobre. Assez fréquente.

COMESTIBILITÉ Non comestible.

CLAVAIRE JAUNE

Ramaria flava

P E A H

DESCRIPTION **Carpophore** de 5 à 12 cm de diamètre, en forme de buisson. **Rameaux** paraissant veloutés, blanchâtres à jaunes, teintés de jaune vif ou d'orangé à maturité, brunissant au toucher, se terminant par deux courtes pointes. **Pied** épais et court, blanc crème, plus clair à la base. **Chair** fragile, blanchâtre parfois tachée de rougeâtre.

BIOTOPE Bois de feuillus (hêtres) ou de conifères. Préfère l'altitude. De juillet à octobre. Fréquente.

COMESTIBILITÉ Comestible.

CONFUSION *Ramaria aurea* (clavaire dorée, p. 207).

CLAVAIRE EN CHOU-FLEUR

Ramaria botrytis

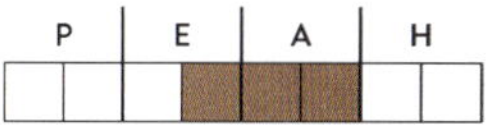

DESCRIPTION **Carpophore** de 5 à 1à cm de diamètre, en forme de corail. **Rameaux** courts et épais, blanchâtres, aux extrémités rosâtres, terminées par des pointes nettement rouge corail à rouge vineux se ternissant avec l'âge. **Pied** en tronc, blanc puis crème. Chair blanchâtre.

BIOTOPE Bois de feuillus (hêtres). D'août à novembre. Fréquente.

COMESTIBILITÉ Bon comestible jeune (ôter les extrémités des rameaux et faire blanchir).

CONFUSION *Ramaria formosa* (clavaire élégante, p. 208).

212 | **TRÉMELLALES**

TRÉMELLE MÉSENTÉRIQUE

Tremella mesenterica

P	E	A	H

DESCRIPTION **Carpophore** de 2 à 7 cm, jaune vif, plus pâle par temps humide, devenant jaune orangé par temps sec, gélatineux, rappelant un morceau de cervelle ou des lobes imbriqués, à nombreuses circonvolutions. **Chair** gélatineuse, translucide.

BIOTOPE Sur troncs, branches mortes, souches de feuillus. Toute l'année. Assez fréquente.

COMESTIBILITÉ Non comestible.

TRÉMELLE GÉLATINEUSE

Pseudohydnum gelatinosum

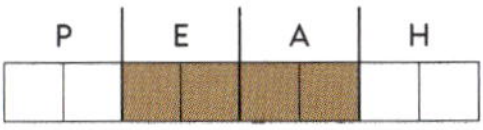

DESCRIPTION **Carpophore** de 3 à 8 cm, en forme de langue ou de rein, comme velouté, finement poilu, rugueux, d'abord blanc translucide puis grisâtre, à marge frangée. **Pied** court, latéral, blanchâtre, parfois inexistant. **Aiguillons** translucides, blanchâtres à reflets bleutés. **Chair** de même couleur que le chapeau, gélatineuse.

BIOTOPE Souches et bois pourrissant des conifères. De juillet à décembre. Fréquente, sauf dans le Midi.

COMESTIBILITÉ Comestible médiocre cru (à faire blanchir avant consommation).

AURICULAIRE OREILLE-DE-JUDAS

Auricularia auricula-judae

P		E		A		H	

DESCRIPTION **Carpophore** de 2 à 10 cm, en forme de coupe, puis s'étalant en forme d'oreille. **Face interne** lisse, puis parcourue de rides, brun violacé blanchissant lorsque les spores sont mûrs. **Face externe** veloutée et veinée, brun-rouge, puis gris-brun et enfin noire. **Pied** rudimentaire à nul. **Chair** gélatineuse, translucide, devenant coriace.
BIOTOPE Bois morts ou affaiblis de feuillus (hêtre, robinier, et surtout sur sureau). Toute l'année, surtout en hiver et au printemps. Fréquente.
COMESTIBILITÉ Bon comestible jeune.

CALOCÈRE VISQUEUSE

Calocera viscosa

DESCRIPTION **Carpophore** de 3 à 8 cm de diamètre, en forme de corail. **Rameaux** de 4 à 10 cm de haut, jaune vif à orange, à ramifications symétriques légèrement aplaties. **Pied** assez ferme, prolongé par une « racine » s'enfonçant dans le bois. **Chair** caoutchouteuse.

BIOTOPE Sur bois mort de conifères, beaucoup plus rare sur feuillus. Toute l'année. Fréquente.

COMESTIBILITÉ Toxique.

PÉZIZE ORANGÉE

Aleuria aurantia

DESCRIPTION **Carpophore** de 2 à 10 cm, en forme de petites coupes aux bords relevés puis s'étalant largement, à marge enroulée puis ondulée. **Face interne** lisse, jaune à orange vif. **Face externe** légèrement plus claire, blanchâtre à jaune orangé, pruineuse.

BIOTOPE Sols nus et argileux des chemins et talus, dans les clairières des bois. Souvent en larges colonies, plus rarement isolée. Automne. Fréquente.

COMESTIBILITÉ Comestible.

PÉZIZE ÉCARLATE

Sarcocyphea coccinea

DESCRIPTION **Carpophore** de 1 à 5 cm, en forme de coupe ou d'oreille plus ou moins fermée, à marge lisse devenant finement crénelée et rosâtre en vieillissant. **Face interne** rouge écarlate. **Face externe** plus rosée et légèrement veloutée, plus ou moins couverte de poils courts et transparents.

BIOTOPE Bois pourrissant, débris ligneux enfouis ou non et couverts de mousse, zones humides des bois de feuillus. De décembre à mars. Peu fréquente.

COMESTIBILITÉ Comestible.

PÉZIZE NOIRÂTRE

Peziza badia

P E A H

DESCRIPTION **Carpophore** de 2 à 7cm, en forme de réceptacle ou de coupe irrégulièrement ondulée. **Face interne** brun-olive à brun foncé. **Face externe** brun rougeâtre à brun foncé. **Chair** cassante, laissant couler un liquide transparent à la cassure.

BIOTOPE Bord des chemins et des sentiers, bois et forêts aérés, rives de certains cours d'eau. Sols sablonneux. D'août à décembre. Assez fréquente.

COMESTIBILITÉ Comestible médiocre cuite, toxique crue.

PÉZIZE VEINÉE

Disciotis venosa

P		E		A		H	

DESCRIPTION **Carpophore** de 5 à 15 cm, de forme étalée ressemblant à une coupe épaisse tordue, plissée ou recroquevillée, à marge lobée et sinueuse. **Face interne** boursouflée, brun fauve à brun noirâtre, plus foncé vers le centre par temps humide. **Face externe** blanchâtre à beige, finement granuleuse et pruineuse. **Pied** très court et trapu, plissé, enfoui dans le sol. **Chair** cassante, blanche, à forte odeur d'eau de Javel.

BIOTOPE Zones humides des bois de feuillus, notamment en bordure des ruisseaux. De mars à fin avril. Peu fréquente.

COMESTIBILITÉ Bon comestible cuite, toxique crue.

PÉZIZE VÉSICULEUSE

Peziza vesiculosa

P | E | A | H

DESCRIPTION **Chapeau** de 5 à 15 cm, d'abord en petite sphère presque totalement fermée, puis s'ouvrant sans jamais vraiment s'étaler, à marge ondulée et dentée. **Face interne** brun-jaune, puis presque blanchâtre taché de brun-roux dans l'âge, avec parfois des vésicules au fond de la coupe. **Face externe** beige ou jaune, granuleuse et pruineuse.

BIOTOPE Sols fumés, riches en détritus organiques, sciure de bois, compost, fumier, paille, et surtout crottins (de chevaux). En colonies d'individus serrés. Du printemps à l'automne. Assez fréquente.

COMESTIBILITÉ Comestible cuite, toxique crue.

OREILLE-DE-LIÈVRE

Otidea onotica

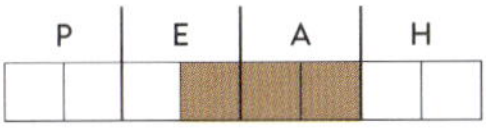

DESCRIPTION **Chapeau** de 3 à 9 cm de haut, en forme d'oreille de lièvre. **Face interne** jaune orangé à légers reflets rosâtres. **Face externe** veloutée, jaune citron à jaune doré, devenant légèrement ocre en vieillissant. **Pied** très court, duveteux, enfoncé dans la mousse ou la litière.

BIOTOPE Bois de feuillus (chênes) et de conifères. En groupes. D'août à novembre. Peu fréquente.

COMESTIBILITÉ Comestible sans intérêt.

HELVELLE BLANCHE ET NOIRE

Helvella leucomelaena

DESCRIPTION **Chapeau** en forme de coupe ou d'outre, à marge aux bords incisés. **Face interne** plus ou moins foncée, gris-brun à brun noirâtre. **Face externe** blanche, la base le restant, le haut de la coupe devenant gris plus ou moins foncé.

BIOTOPE Bois de conifères. Souvent en troupes. Sols calcaires ou sablonneux. De janvier à juin. Fréquente.

COMESTIBILITÉ Toxique.

HELVELLE CRÉPUE

Helvella crispa

P	E	A	H

DESCRIPTION **Chapeau** de 3 à 7 cm, constitué de circonvolutions irrégulières, en forme de selle de cheval, blanchâtre à crème ou ocre jaune, avec certains lobes sont parfois un peu plus foncés. **Pied** long (jusqu'à 15 cm), blanc puis crème jaunâtre, creusé de nombreux sillons longitudinaux très profonds. **Chair** fine et cassante.

BIOTOPE Bois clairs de feuillus ou mixtes, bordures de sentiers, lisières. Automne. Assez fréquente.

COMESTIBILITÉ Toxique.

VERPE DE BOHÊME

Ptychoverpa bohemica

P		E		A		H	
■	■						

DESCRIPTION **Chapeau** de 2 à 4 cm, conique, plus ou moins profondément creusé de sillons à côtes épaisses, brun-jaune à plus pâle, rattaché au pied à son sommet, et non à la base, contrairement aux morilles. **Pied** blanc à crème, granuleux ou floconneux jeune. **Chair** brun jaunâtre pâle dans le chapeau, blanche dans le pied.

BIOTOPE Taillis et bosquets de feuillus (frênes, noisetiers, chênes, trembles...), avec une préférance pour les milieux très humides. Principalement en altitude. De mars à mai. Assez fréquente.

COMESTIBILITÉ Bon comestible cuite, toxique crue.

CONFUSIONS Diverses morilles.

MORILLON

Morchella semilibera

DESCRIPTION **Chapeau** de 2 à 5 cm de haut, conique, brun-jaune, parcouru d'alvéoles profondes et larges, à arêtes brun-noir plus foncées que l'intérieur des alvéoles, à marge irrégulière et non soudée au pied. **Pied** élancé, creux, blanchâtre à crème, granuleux, légèrement sillonné dans sa partie haute, s'insérant à mi-hauteur à l'intérieur du chapeau. **Chair** blanche puis jaunissante.

BIOTOPE Bords de rivières, lisières de bois frais et aérés (frênes, noisetiers, peupliers...), parcs, bordures d'allées. Principalement en terrain calcaire. De mars à mai. Assez fréquent.

COMESTIBILITÉ Bon comestible cuit, toxique cru.

CONFUSIONS Diverses morilles.

MORILLE COMMUNE

Morchella esculenta

DESCRIPTION **Chapeau** dconique ou ovoïde, creux, noirâtre à gris-brun, devenant jaunâtre, roux, voire gris cendré avec l'âge, creusé d'alvéoles profondes et irrégulières à côtes plus claires. **Pied** épais, creux, blanc à crème, parfois taché d'ocre, sillonné et élargi à la base, plus ou moins granuleux, soudé à la base du chapeau mais se prolongeant jusqu'au sommet.

BIOTOPE Lieux humides, bois clairs et lisières de feuillus (frênes, charmes...), bosquets, bordure des haies, terrains calcinés, décombres... Souvent en association avec le lierre rampant et la ficaire. De fin mars à mai. Rare à fréquente selon les régions.

COMESTIBILITÉ Excellent comestible cuite, toxique crue.

CONFUSION *Gyromitra esculenta* (gyromitre fausse morille, p. 231).

MORILLE RONDE

Morchella rotunda

P		E		A		H	

DESCRIPTION **Chapeau** de 5 à 12 cm de haut, rond, conique ou difforme, creux, blond chaud devenant plus foncé dans l'âge, surtout sur l'arête des côtes, à alvéoles assez fines et à marge soudée au pied. **Pied** creux, blanchâtre à zones roussâtres en vieillissant, très irrégulier et côtelé, plus large vers la base, soudé à la base du chapeau mais se prolongeant jusqu'au sommet.

BIOTOPE Lieux humides, bois clairs et lisières de feuillus (frênes, charmes...), bosquets, bordure des haies, terrains calcinés, décombres... Souvent en association avec le lierre rampant et la ficaire. De fin mars à mai. Rare à fréquente selon les régions.

COMESTIBILITÉ Excellent comestible cuite, toxique crue.

CONFUSION *Gyromitra esculenta* (gyromitre fausse morille, p. 231).

MORILLE CONIQUE

Morchella conica

P		E		A		H	
■	■						

DESCRIPTION **Chapeau** de 5 à 9 cm de haut, très allongé, conique plus ou moins aigu, brun fauve, à alvéoles relativement allongées et côtes sinueuses et irrégulières plus foncées. **Pied** généralement plus court que le chapeau, creux, blanchâtre parfois légèrement ocre, renflé à la base, granuleux, soudé à la base du chapeau mais se prolongeant jusqu'au sommet.

BIOTOPE Principalement parmi les décombres, mais aussi bois de conifères (sapins, épicéas...) et bois mixtes, haies, lisières, vergers, voire jardins. Généralement en altitude (de 400 à 1 500 m). De mars à mai. Peu fréquente.

COMESTIBILITÉ Excellent comestible cuite, toxique crue.

MORILLE ÉLEVÉE

Morchella elata

P	E	A	H

DESCRIPTION **Chapeau** de 5 à 10 cm de haut, très allongé, conique plus ou moins aigu, brun chocolat, à alvéoles allongées et côtes longitudinales noires. **Pied** de la même hauteur que le chapeau, crème à jaunâtre, s'amincissant vers la base, qui est parfois sillonnée, soudé à la base du chapeau mais se prolongeant jusqu'au sommet.

BIOTOPE Tous types de bois aérés (préférence pour les frênes, épicéas, pins sylvestres, ormes et érables), bords de rivières, haies, lisières, vergers, décombres. De mars à mai. Peu fréquente.

COMESTIBILITÉ Comestible cuite, toxique crue.

MORILLE À GROS PIED

Morchella crassipes

	P		E		A		H	

DESCRIPTION **Chapeau** de 5 à 12 cm, conique , creux, blond chaud brunissant en vieillissant, surtout sur l'arête des côtes, ressemblant à une éponge par les alvéoles disposées irrégulièrement. **Pied** creux, blanc taché de roux dans l'âge, très irrégulier et cotelé, nettement plus large vers la base, devenant énorme et difforme en vieillissant.

BIOTOPE Zones herbues des bois humides de feuillus (frênes, noisetiers, ormes...), sentiers, lisières, terrains vagues, anciennes places à feu, bords des haies, vergers. Sol calcaire. D'avril à juin. Rare.

COMESTIBILITÉ Comestible cuite, toxique crue.

CONFUSION *Morchella rotunda* (morille ronde, p. 227) et *Gyromitra esculenta* (gyromitre fausse morille, p. 231).

GYROMITRE FAUSSE MORILLE

Gyromitra esculenta

DESCRIPTION **Chapeau** de 4 à 10 cm, difforme ou à circonvolutions lobées irrégulières (ressemblant à une cervelle), brun-jaune à brun-rouge. **Pied** court et épais, blanchâtre à roussâtre, parfois plissé, sillonné et/ou bosselé.

BIOTOPE Feuillus (châtaigniers, hêtres) ou conifères (pins), mais aussi clairières, bords de chemins, talus. Sols sableux de préférence. Surtout à partir de 500 m d'altitude. D'avril à juin. Peu fréquent.

COMESTIBILITÉ Mortel.

CONFUSIONS Diverses morilles (mais ont des alvéoles).

TRUFFE NOIRE

Tuber melanosporum

P E A H

DESCRIPTION **Carpophore** de 2 à 7 cm de diamètre, globuleux, bosselé, noir mat, couvert de fines verrues pyramidales. **Chair** tendre, grise puis rougissante, noir violacé à maturité des spores, typiquement marbrée de veines blanchâtres. Odeur terreuse puissante et caractéristique.

BIOTOPE Sous terre, en symbiose au pied de chênes truffiers, parfois de noisetiers. Sol calcaire. Sud-ouest (Périgord) et sud-est de la France. De fin novembre à début avril. Rare.

COMESTIBILITÉ Excellent comestible.

CONFUSIONS Avec les autres truffes noires.

TRUFFE DE BOURGOGNE

Tuber uncinatum

P		E		A		H	
				■	■	■	

DESCRIPTION **Carpophore** de 3 à 7 cm de diamètre, globuleux, bosselé, brun noirâtre, couvert de grosses verrues pyramidales à 5 ou 7 faces parfois striées transversalement. **Chair** blanc jaunâtre virant au brun foncé, voire noir violacé, avec des marbrures claires, fines, très serrées et ramifiées. Odeur terreuse puissante et caractéristique.

BIOTOPE Sous terre, en symbiose au pied de chênes, noisetiers, charmes, hêtres et même pins. Sol calcaire. Centre-Est et Nord-Est de la France. De mi-septembre à fin janvier. Peu fréquente.

COMESTIBILITÉ Très bon comestible.

CONFUSIONS Avec les autres truffes noires.

TRUFFE D'ÉTÉ

Tuber aestivum

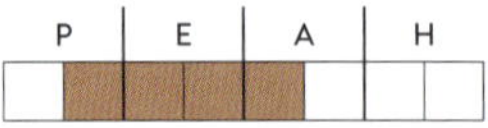

DESCRIPTION **Carpophore** de 3 à 7 cm de diamètre, globuleux, bosselé, brun noirâtre, couvert de grosses verrues pyramidales. **Chair** blanc crème, virant au brunâtre dans l'âge, avec des marbrures claires, fines, très serrées et ramifiées. Odeur beaucoup moins puissante que la truffe noire et la truffe de Bourgogne.

BIOTOPE Sous terre, en symbiose au pied de chênes et de hêtres. Sols calcaire. De mai à octobre. Peu fréquente.

COMESTIBILITÉ Très bon comestible, moins prisée toutefois que la truffe noire et la truffe de Bourgogne, car beaucoup moins parfumée.

CONFUSION Avec les autres truffes noires.

TRUFFE DES CERFS

Elaphomyces granulatus

P		E		A		H	
			■	■	■	■	

DESCRIPTION **Carpophore** de 3 à 6 cm de diamètre, sphérique plus ou moins régulier, brun rougeâtre plus ou moins sombre, recouvert de très fines verrues. Paroi interne de 2 mm, alternant les couches jaunes, blanches et brun-rouge. **Chair** brun-noir marbré de roux, à odeur désagréable.

BIOTOPE Sous terre, dans les bois de conifères essentiellement (pins sylvestres et épicéas). D'août à décembre. Assez fréquente.

COMESTIBILITÉ Comestible sans intérêt.

LÉOTIE LUBRIQUE

Leotia lubrica

P		E		A		H	

DESCRIPTION **Chapeau** de 1 à 2 cm, lisse ou bosselé, lobé, très visqueux, allant du jaunâtre au brun parfois teinté de vert, à marge nettement enroulée. **Lames** Absence de lames, de tubes ou d'aiguillons. **Pied** long et mince, jaune se teintant de vert foncé à noirâtre à la pression, très finement écailleux, également visqueux. **Chair** gélatineuse et gluante.

BIOTOPE Bois de feuillus, lisières et prairies humides. Seule ou en petits groupes. D'août à octobre. Peu fréquente.

COMESTIBILITÉ Suspectée de toxicité.

CONFUSION *Craterellus lutescens* (chanterelle jaunissante, p. 186).

BULGARIE SALISSANTE

Bulgaria inquinans

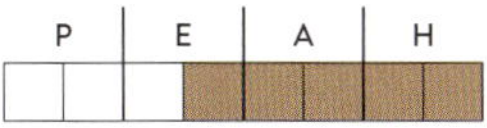

DESCRIPTION **Carpophore** jusqu'à 5 cm de diamètre, d'abord globuleux, puis s'étalant en petite coupe à base conique rudimentaire. **Face interne** lisse, noir brillant, tachant les doigts. **Face externe** brune et granuleuse, de plus en plus noirâtre vers la base. **Chair** élastique, coriace, presque translucide, brune marbrée de sillons plus clairs.

BIOTOPE Souches de feuillus, notamment troncs des chênes récemment abattus. En groupes. De septembre à janvier. Fréquente.

COMESTIBILITÉ Non comestible.

NÉOBULGARIE PURE

Neobulgaria pura

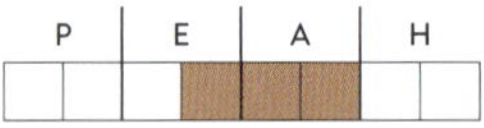

DESCRIPTION **Carpophore** de 2 à 4 cm, d'abord globuleux puis s'ouvrant en coupe et s'étalant en disque. **Face interne** visqueuse, rosâtre plus ou moins pâle à brun rosâtre. **Face externe** un peu plus foncée, granuleuse. **Chair** gélatineuse et translucide.

BIOTOPE Souches de feuillus, notamment troncs des chênes récemment abattus. En groupes. D'août à novembre. Fréquente.

COMESTIBILITÉ Non comestible.

BISPORELLE JAUNE

Bisporella citrina

P	E	A	H

DESCRIPTION **Carpophore** de 1 à 3 mm, en forme de disque légèrement creusé dans l'âge, lisse, entièrement jaune vif, devenant jaune orangé à maturité, à marge ondulée. **Pied** rudimentaire, se développant à peine, concolore au chapeau.

BIOTOPE Sur souches, troncs et branches mortes des bois de feuillus. En groupes. De juillet à décembre. Assez fréquente.

COMESTIBILITÉ Non comestible.

LYCOGALA ARBORICOLE

Lycogala epidendron

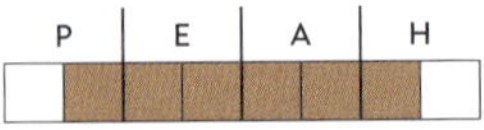

DESCRIPTION **Carpophore** de 5 à 15 mm, plus ou moins sphérique, parfois comprimé par les individus voisins, très finement rugueux, rose devenant orangé, puis brunâtre. Lorsqu'on le presse, il éclate en une gelée rosâtre à rouille.

BIOTOPE Souches, troncs et branches mortes des bois de feuillus comme de conifères (pins). En groupes serrés. Presque toute l'année, sauf pendant les périodes de gelées. Assez fréquente.

COMESTIBILITÉ Non comestible.

XYLAIRE DU BOIS

Xylaria hypoxylon

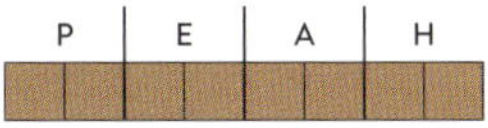

DESCRIPTION **Carpophore** de 2 à 7 cm, en rameaux dressés d'abord comme de petits pilons, puis se ramifiant tel des bois de cervidés, blanchâtres devenant entièrement noirs à maturité. **Pied noir**, finement duveteux.

BIOTOPE Sur souches et branches mortes de feuillus ou de conifères. Toute l'année. Très fréquent.

COMESTIBILITÉ Non comestible.

TABLEAUX
DE CONFUSIONS

	TRICHOLOME COLOMBETTE P. 93	CLITOCYBE BLANCHI P. 85
	Tricholoma columbetta	*Clitocybe dealbata*
Chapeau	Diamètre de 5 à 10 cm, blanc pur, fibrilleux	Diamètre de 2 à 6 cm, blanc un peu roussissant, satiné
Lames	Minces, non décurrentes, blanches	Légèrement décurrentes, blanchâtres puis ocre pâle
Pied	Robuste, fibreux, blanc	Long, soyeux, blanc, roussissant
Biotope	Bois de feuillus ou mixtes	Prairies et lisières des bois

	AMANITE ROUGISSANTE P. 172	AMANITE PANTHÈRE P. 171
	Amanita rubescens	*Amanita pantherina*
Chapeau	Brun vineux, plaques blanches à rougeâtres, marge non striée	Brun clair à foncé, verrues blanches fugaces, marge striée
Lames	Libres, blanches virant au rouge vineux à la cassure	Libres, blanches
Pied	Blanc, rougissant aux blessures	Blanc
Anneau	Rosâtre, strié, persistant	Blanc, non strié, fugace
Bulbe	En forme de navet	2 ou 3 bourrelets
Chair	Blanche, rougissante	Blanche, immuable

NOTE Les plaques du chapeau de ces deux amanites peuvent plus ou moins disparaître après des pluies persistantes.

	TRICHOLOME PRÉTENTIEUX P. 97	AMANITE PHALLOÏDE P. 164
	Tricholoma portentosum	*Amanita phalloides*
Chapeau	Gris nuancé de jaune verdâtre	Vert pâle à vert olive, parfois jaunâtre, gris ou même blanc
Lames	Blanches à reflets jaunes	Blanches
Pied	Robuste, blanc lavé de jaune verdâtre ou de gris	Élancé, blanc plus ou moins chiné de verdâtre
Anneau	Absent	Ample, strié
Volve	Absente	Blanche, volumineuse
Chair	Compacte	Molle à fibreuse
Biotope	Bois de conifères principalement	Bois de feuillus, parfois de conifères

	RUSSULE VERDOYANTE (P. 48) RUSSULE CHARBONNIÈRE (P. 46)	AMANITE PHALLOÏDE P. 164
	Russula virescens *Russula cyanoxantha*	*Amanita phalloides*
Chapeau	Vert pâle à gris-vert, violet, nuances de bleu jaunissant	Vert pâle à vert olive, parfois jaunâtre, gris ou même blanc
Lames	Blanches, grasses au toucher	Blanches
Pied	Court, trapu, blanc uni	Élancé, blanc plus ou moins chiné de verdâtre
Anneau	Absent	Ample, strié
Volve	Absente	Blanche, volumineuse
Chair	Cassante, épaisse	Molle à fibreuse
Biotope	Bois de feuillus ou de conifères	Bois de feuillus, parfois de conifères

	LÉPIOTE PUDIQUE P. 158	AMANITE PRINTANIÈRE P. 177
	Leucoagaricus leucothites	*Amanita verna*
Chapeau	Blanc, gris-beige au centre avec l'âge	Blanc à ocre pâle
Lames	Blanches, puis rose pâle	Blanches, puis légèrement ocre
Pied	Blanc, jaunissant au toucher	Blanc, immuable
Anneau	Coulissant, fugace	Persistant
Volve	Absente	Engainante
Chair	Blanche, parfum fongique	Blanche, inodore
Biotope	Prairies, parcs, chemins	Bois, lisières

	AMANITE DES CÉSARS P. 169	AMANITE TUE-MOUCHES P. 168
	Amanita caesarea	*Amanita muscaria*
Chapeau	Rouge orangé uniforme	Rouge à orangé foncé, verrues blanches puis jaunâtres (parfois absentes)
Lames	Jaune d'or clair	Blanches, puis jaunissant légèrement
Pied	Jaune	Blanc
Anneau	Jaune	Blanc, dentelé
Volve	Épaisse, blanc grisâtre	Absente. Bulbe orné de bourrelets concentriques

	LÉPIOTE EXCORIÉE P. 154	LÉPIOTE BRUN-INCARNAT P. 153
	Macrolepiota excoriata	*Lepiota brunneo-incarnata*
Chapeau	Diamètre supérieur à 5 cm, beige pâle, excorié	Diamètre inférieur à 8 cm, blanchâtre à rosé, écailles
Lames	Blanches, très faiblement brunissantes	Blanches
Bulbe	Léger bulbe	Absent
Anneau	Net, persistant	Peu marqué, fugace
Chair	Blanche, immuable	Blanche, rossissant à la cassure

	CLITOPILE PETITE PRUNE P. 139	ENTOLOME LIVIDE P. 140
	Clitopilus prunulus	*Entoloma lividum*
Chapeau	Diamètre de 4 à 12 cm, blanc ou grisâtre, pruineux	Diamètre de 10 à 18 cm, blanc à gris-brun, soyeux, fibreilleux
Lames	Nettement décurrentes, blanches, puis roses	Très échancrées, jaunes puis rose pluls ou moins vif
Pied	Blanc	Jaunâtre
Biotope	Bois clairs de feuillus ou de conifères	Lisières de bois de feuillus, clairières, sentiers

	TRICHOLOME DE LA ST-GEORGES P. 101	INOCYBE DE PATOUILLARD P. 134
	Calocybe gambosa	*Inocybe erubescens*
Chapeau	Diamètre de 5 à 10 cm, très épais au centre, blanc crème à jaune orangé	Diamètre de 3 à 7 cm, nettement conique, fibrilleux, blanc crème rougissant
Lames	Blanches	Blanches, puis rouge-brun
Pied	Robuste, blanc crème	Enterré, blanc taché de rouge
Chair	Blanche, immuable	Blanche, rougissant dans le pied à la cassure
Odeur	De farine	Plus ou moins fruitée

	CLITOCYBE AMÉTHYSTE P. 92	MYCÈNE PUR P. 69
	Laccaria amethystina	*Mycena pura*
Chapeau	Violet profond, pâlissant avec l'âge, ombiliqué, légèrement granuleux	Couleur très variable, du blanc rosé au lilas, léger mamelon, lisse
Lames	Très espacées, violet profond	Assez espacées, blanches à rosées
Pied	Fibreux, violet	Fragile, rose pâle à lilas
Chair	Violette	Blanche à lilas pâle
Odeur	Fruitée	De radis

	CLITOCYBE LAQUÉ P. 91	GALÈRE MARGINÉE P. 126
	Laccaria laccata	*Galerina marginata*
Chapeau	Fauve clair à rouge brique, granuleux	Jaune à brun-roux, lisse et brillant
Lames	Espacées, épaissess, rose brûnatre à fauve	Serrées, crème, puis ocre
Pied	Entièrement fauve clair à brique	Crème à ocre au sommet, grisâtre sous l'anneau
Anneau	Absent	Plus ou moins visible
Odeur	Un peu fruitée	De farine
Biotope	Au sol	Sur souches et bois morts

	PHOLIOTE CHANGEANTE P. 127	HYPHOLOME EN TOUFFES P. 133
	Kuehneromyces mutabilis	*Hypholoma fasciculare*
Chapeau	Miel par temps sec, à marron-roux par temps humide	Jaune soufre devenant orangé à roux au centre
Lames	Jaunes à cannelle, puis brun-roux	Jaune citron, puis vert olive
Pied	Jaune pâle et lisse au-dessus de l'anneau ; brunâtre et squameux sous l'anneau	Jaune vif, orangé à la base, lisse
Anneau	Léger, fugace	Absent
Saveur	Douce	Très amère

	GIROLLE COMMUNE P. 184	CLITOCYBE DE L'OLIVIER P. 31
	Cantharellus cibarius	*Omphalotus olearius*
Chapeau	Diamètre de 2,5 à 9 cm, jaune doré vif	Diamètre de 5 à 15 cm, jaune orangé à roux foncé
Plis/ lames	Plis larges, décurrents, jaunes non phosphorescents	Lames serrées, décurrentes, jaunes à orangées, phosphorescentes
Pied	Court, peu fibreux	Élancé, très fibreux
Chair	Ferme, blanche, devenant jaunâtre avec l'âge	Fibreuse, coriace, jaune safran
Odeur	Agréable et fruitée	Désagréable
Biotope	Au sol (mousse), isolée	Sur souches ou racines, parfois au sol loin des arbres, en touffes

CUISINER
LES CHAMPIGNONS

NETTOYER SA RÉCOLTE

Pour éviter un nettoyage fastidieux au moment de préparer vos champignons en cuisine, prenez l'habitude d'enlever les parties terreuses et les débris les plus grossiers dès le champignon récolté.

- **Cèpes et bolets :** essuyez le chapeau avec un torchon humide. Sur les pieds, enlevez la terre et les zones goûtées par les limaces. Coupez les gros spécimens en deux pour vérifier qu'ils ne sont pas véreux.
- **Girolles, pied-de-mouton, pleurotes, rosé :** coupez la partie terreuse du pied et essuyez le chapeau avec un torchon humide. S'ils sont vraiment sales, rincez-les rapidement à l'eau courante et essuyez-les.
- **Trompette des morts :** préparez-la comme ci-dessus, mais rincez-la obligatoirement. Épongez et laissez sécher avant de faire cuire.
- **Coulemelles, oronge, lactaires, coprins :** essuyez les chapeaux avec un torchon humide. En général, les pieds de ces espèces sont trop coriaces ou fibreux pour être cuisinés et on ne les garde pas.
- **Morilles et sparassis crépu :** la terre et les parasites aimant à se nicher en leur cœur, il est indispensable de les plonger rapidement dans de l'eau vinaigrée et de remuer pour faire tomber les saletés. Ensuite, il faut les éponger délicatement avec du papier absorbant.

MÉTHODES DE CONSERVATION

Quelle que soit la méthode choisie, les champignons que vous allez conserver doivent être jeunes, frais et parfaitement nettoyés. Si vous les conservez en bocaux, stérilisez bien votre contenant avant de le remplir. Si vous voyez des traces de moisissure au moment de les consommer, débarrassez-vous du contenu sans hésiter.

FAIRE BLANCHIR LES CHAMPIGNONS

Certaines espèces doivent être blanchies avant conservation. Ce procédé élimine les toxines présentes dans le champignon cru. Il évite aussi aux sujets décongelés de prendre le goût de champignons gelés. Faites bouillir un grand volume d'eau salée et ajoutez 1 c. à s. de vinaigre par litre d'eau. Plongez-y les champignons et laissez-les blanchir pendant 5 min.

LA CONSERVATION À L'HUILE

Coupez les plus gros champignons en lamelles et blanchissez-les 5 min dans de l'eau bouillante salée et vinaigrée. Égouttez-les soigneusement, puis déposez-les dans un bocal qui ferme hermétiquement. Ajoutez selon votre goût des épices, de l'ail, du piment, du laurier, du gros sel, du poivre...

Recouvrez complètement avec de l'huile d'olive, puis fermez hermétiquement. Notez la date et l'espèce sur le bocal, puis rangez-le dans un endroit frais et sombre et laissez macérer au minimum 3 semaines.

LA CONSERVATION AU VINAIGRE

Gardez les petits champignons entiers et coupez les plus gros en morceaux. Mettez de l'eau à chauffer avec 2 gousses d'ail, 2 échalotes coupées en deux, 1 feuille de laurier, du sel et du poivre en grains. Quand l'eau bout, faites blanchir les champignons pendant 10 min, puis égouttez-les.

Mettez-les dans un bocal, versez dessus le vinaigre de votre choix, et attendez au moins 3 semaines avant d'utiliser vos champignons comme condiments.

LA CONSERVATION AU SEL

Cette préparation convient bien aux variétés un peu fades. Blanchissez les champignons. Égouttez-les, rincez-les sous l'eau froide, puis égouttez-les à nouveau. Deux méthodes sont possibles :

- **En saumure** : faites bouillir de l'eau en ajoutant 150 g de sel par litre. Mettez les champignons en bocaux et recouvrez-les complètement avec cette préparation. Ajoutez 1 c. à s. d'huile pour éviter la moisissure et fermez hermétiquement.
- **Au gros sel** : déposez une couche de gros sel au fond du bocal, puis remplissez en alternant champignons et sel. Finissez par une couche de gros sel, puis fermez et laissez à l'abri de la lumière. Après quelques jours, ajoutez une poignée de gros sel et refermez le bocal. Il faudra dessaler les champignons dans de l'eau froide avant de les déguster.

LA DÉSHYDRATATION

Les plus petits champignons pourront sécher entiers et il faudra émincer les plus gros.

- **À l'intérieur :** enfilez vos champignons sur du fil de cuisine en les espaçant suffisamment pour qu'ils ne se touchent pas. Accrochez ces guirlandes dans une pièce sèche et ventilée.
- **À l'extérieur :** étalez vos champignons sur une clayette ou un grillage fin sans les faire se chevaucher. Laissez sécher dehors, au soleil ou à l'ombre, mais toujours dans un endroit très aéré. Rentrez vos champignons chaque soir et ressortez-les le matin, après la rosée.
- **Au four :** disposez les champignons sur la plaque du four et enfournez à 60 °C (th. 2), en laissant la porte entrouverte afin que l'humidité s'échappe. Laissez-les sécher complètement avant de les sortir : ils doivent être craquants.

Rangez vos champignons séchés dans des sacs en papier, bien à l'abri de l'humidité. Trempez-les dans de l'eau tiède pour les réhydrater, et égouttez-les avant de les cuisiner.

Vous pouvez aussi réduire les champignons secs en poudre, que vous utiliserez dans des pains, des soupes, des sauces ou des plats mijotés.

LA STÉRILISATION AU NATUREL

C'est la méthode la plus longue, à choisir si vous avez une grosse quantité de champignons à conserver.
Blanchissez vos champignons nettoyés. Égouttez-les sur un torchon et répartissez-les dans les bocaux. Versez par-dessus de l'eau salée, à raison de 10 g de sel par litre d'eau, jusqu'au trait de remplissage. Fermez les bocaux, placez-les dans un stérilisateur et stérilisez-les 2 h à 100 °C.

LA CONGÉLATION

Mettez à blanchir les champignons nettoyés et émincés. Égouttez-les, puis laissez-les sécher sur un torchon avant de les ranger dans des sacs de congélation. Vous pouvez aussi faire cuire rapidement les champignons à la poêle avant de les congeler.

CARPACCIO
D'AMANITES DES CÉSARS

Pour 2 personnes : jeunes oronges (environ 100 g par personne) • Huile d'olive • Fleur de sel

1. Émincez les oronges en lamelles et disposez-les sur un plat.
2. Saupoudrez d'un peu de fleur de sel, arrosez d'un filet d'huile d'olive et dégustez.

TAGLIATELLES
AUX AMANITES ROUGISSANTES

Pour 2 personnes : 200 g d'amanites rougissantes • 200 à 300 g de tagliatelles • Huile d'olive • Crème fraîche • Sel, poivre

1. Nettoyez puis coupez les champignons en morceaux pas trop gros. Faites chauffer un peu d'huile dans une poêle et faites-y revenir les amanites à feu doux.

2. Jetez l'eau de végétation, puis remettez sur le feu et laissez cuire doucement, sans les brûler. Salez et poivrez.

3. Faites cuire les tagliatelles dans une grande quantité d'eau bouillante salée. Égouttez-les, puis remettez-les dans la casserole avec les champignons et un peu de crème fraîche. Mélangez bien et réchauffez un peu avant de servir.

POMMES DE TERRE
AUX CÈPES À LA PÉRIGOURDINE

Pour 4 personnes : *400 g de cèpes • 500 g de pommes de terre • Huile d'olive • Graisse de canard ou d'oie • Hachis d'ail et de persil • Sel, poivre*

1. Coupez les cèpes en escalopes et faites-leur rendre leur eau dans une poêle chaude. Ajoutez un filet d'huile d'olive et laissez cuire à feu doux jusqu'à ce que l'eau soit évaporée.
2. Pendant ce temps, épluchez les pommes de terre et émincez-les très finement.
3. Faites chauffer un peu de graisse de canard dans une cocotte en fonte, versez la moitié des pommes de terre et la moitié du hachis d'ail et de persil. Salez et poivrez. Disposez ensuite les cèpes, puis le reste de pommes de terre et de hachis. Salez et poivrez à nouveau.
4. Couvrez et cuisez 10 min à feu vif, puis encore 20 min à feu doux. Démoulez avant de servir.

POÊLÉE DE CÈPES
À L'AIL ET AU PERSIL

Pour 4 personnes : 500 g de cèpes • 2 gousses d'ail • Persil plat • 40g de beurre • 1 c. à s. d'huile d'olive • Sel, poivre

1. Nettoyez les cèpes et émincez-les en lamelles.
2. Dans une poêle, faites chauffer l'huile et 10 g de beurre.
3. Jetez les cèpes dans le beurre moussant et faites-les colorer pendant environ 8 min.
4. Mixez l'ail et le persil, puis ajoutez-les au restant de beurre ramolli.
5. Salez et poivrez les cèpes, ajoutez le beurre à l'ail et au persil, puis poursuivez-la cuisson 3 min.
6. Servez en ajoutant quelques pluches de persil.

OMELETTE
AUX COPRINS

Pour 4 personnes : *12 œufs • 300 g de coprins • 100 g de gruyère râpé • 25 cl de crème fraîche liquide • 20 g de beurre • Sel, poivre*

1. Rincez rapidement les champignons sous l'eau. Épluchez-les, coupez le pied et coupez-les en tranches.
2. Cassez les œufs entiers dans un saladier et fouettez-les à la fourchette avec la crème liquide, du sel et du poivre. Ajoutez le gruyère râpé et mélangez.
3. Faites fondre le beurre dans une poêle chaude et ajoutez les champignons. Laissez revenir jusqu'à ce que l'eau soit absorbée.
4. Versez les œufs dans la poêle puis laissez cuire selon votre goût.
5. Vous pouvez parsemer votre omelette de jeunes feuilles d'épinards fraîches ciselées pour un mariage de saveurs original.

CRÈME
DE FAUX MOUSSERONS

Pour 4 personnes : 300 g de faux mousserons • 1 litre de bouillon de légumes • 3 échalotes émincées • Un peu de persil • 1 c. à s. de farine • 15 cl de lait • 20 g de beurre • Sel, poivre

1. Faites chauffer le bouillon, ajoutez les échalotes émincées et les faux mousserons, puis laissez cuire à petits bouillons pendant 30 min. Mixez au mixeur plongeur.

2. Délayez la farine dans le lait, ajoutez ce mélange à la préparation et remuez une dizaine de minutes sur feu doux.

3. Juste avant de servir, ajoutez le beurre, salez, poivrez, et ciselez du persil sur le velouté.

RÔTI DE PORC
AUX TROMPETTES DES MORTS

Pour 6 personnes : *1 rôti de porc • 200 g de trompettes des morts • 60 g de beurre • 1 échalote • 200 g de crème fraîche épaisse • 10 cl de crème fraîche liquide • 1 jaune d'œuf • Piment d'Espelette • Sel, poivre*

1. Salez et poivrez la viande, puis saisissez-la à la cocotte sur toutes les faces dans 40 g de beurre mousseux.
2. Poursuivez la cuisson à feu moyen et à couvert pendant 40 min. Arrosez régulièrement avec le jus de cuisson.
3. Faites suer 1 grosse échalote dans 20 g de beurre, puis ajoutez les trompettes. Assaisonnez de sel, poivre et piment d'Espelette, et faites cuire à couvert en remuant de temps en temps.
4. En fin de cuisson, réduisez le feu, ajoutez la crème fraîche épaisse et mélangez. Laisser cuire à feu doux encore 5 min.
5. Mélangez le jaune d'œuf avec un peu de crème liquide, puis ajoutez aux trompettes. Mélangez et laissez cuire encore 2 min avant de servir le rôti coupé en tranches et nappé de la sauce aux trompettes.

SAUCE À LA CRÈME
ET AUX MORILLES

Pour 4 personnes : Quelques morilles • 20 cl de crème fraîche liquide • 1 échalote • 5 cl de vin blanc sec • 40 g de beurre • Sel, poivre

1. Lors de la préparation des morilles, gardez 5 cl d'eau de végétation.
2. Dans une casserole, portez à ébullition le vin blanc et le jus de morilles, avec l'échalote émincée finement.
3. Quand presque tout le liquide est évaporé, ajoutez la crème hors du feu et fouettez le mélange. Reposez sur feu doux et laissez réduire en remuant souvent, jusqu'à ce que la sauce épaississe.
4. Ajoutez les morilles et poursuivez la cuisson 2 ou 3 min.
5. Coupez le feu et incorporez le beurre en petits morceaux, en fouettant vivement. Salez et poivrez : votre sauce est prête.

TARTINADE AUX RUSSULES

Pour 1 pot : 300 g de russules • 1 boîte de tomates concassées (400 g) • 1 échalote • 5 cl de vin blanc • 1 c. à s. de chapelure • Beurre • Sel, poivre

1. Dans une casserole, versez la boîte de tomates concassées et faites réduire 10 min à feu moyen. Réservez.
2. Coupez les russules en morceaux, émincez l'échalote et faites-les revenir ensemble à la poêle dans un peu de beurre, pendant environ 5 min.
3. Versez dessus le vin blanc et les tomates, salez, poivrez et cuisez encore une dizaine de minutes.
4. Un peu avant la fin de la cuisson, ajoutez 1 c. à s. de chapelure et mélangez. Servez tiède ou froid sur des toasts, à l'apéritif.

RISOTTO
AUX PHOLIOTES RIDÉES

Pour 4 personnes : 500 g de pholiotes ridées • 200 g de riz à risotto • 1 oignon • Huile • 1 verre de vin blanc • Bouillon (3 fois le volume de riz) • 4 c. à s. de parmesan • Sel, poivre

1. Coupez les pholiotes en morceaux et émincez l'oignon.
2. Faites chauffer un peu d'huile dans une cocotte et faites-y revenir l'oignon émincé, puis ajoutez les pholiotes ridées.
3. Quand l'eau de végétation s'est évaporée, ajoutez le riz et mouillez avec le vin blanc et une louche de bouillon. Salez, poivrez et laissez mijoter. Attendez que le liquide soit absorbé pour en rajouter, louche par louche.
4. En fin de cuisson, ajoutez 4 c. à s. de parmesan. Coupez le feu et laissez reposer quelques minutes avant de servir.

PENNE
AUX GIROLLES

Pour 4 personnes : 400 g de girolles • 250 g de penne • 2 gousses d'ail • Persil • Beurre • 80 g de crème fraîche épaisse • Sel, poivre

1. Cuisez les pâtes dans une grande casserole d'eau bouillante salée.
2. Pendant ce temps, ciselez l'ail et le persil. Faites fondre un peu de beurre dans une poêle et saisissez les girolles à feu moyen pour qu'elles rendent leur eau.
3. Égouttez-les au-dessus d'un saladier, remettez un peu de beurre dans la poêle, puis faites à nouveau cuire doucement les girolles pendant 5 min avec l'ail et le persil. Ajoutez la crème juste à la fin pour la réchauffer.
4. Égouttez les pâtes, versez-les dans un plat avec la sauce aux girolles, salez, poivrez et servez.

COULEMELLES
PANÉES

Pour 4 personnes : 4 beaux chapeaux de coulemelles • Farine • 2 œufs • Chapelure • Le jus d'1 citron • Huile d'olive • Sel, poivre

1. Battez les œufs dans un bol. Préparez une assiette avec la farine et une autre avec la chapelure.
2. Coupez les chapeaux des coulemelles en quartiers, puis roulez-les dans la farine, trempez-les dans les œufs battus et enfin roulez-les dans la chapelure.
3. Faites chauffer assez d'huile dans une grande poêle et faites dorer les coulemelles à feu moyen, environ 5 min, en les retournant pour qu'elles colorent de tous les côtés.
4. Salez, poivrez et arrosez de jus de citron juste avant de servir.

QUICHE
AUX PHOLIOTES DU PEUPLIER

Pour 4 personnes : 300 g de pholiotes du peuplier • 1 oignon émincé • 100 g de lardons • 2 gousses d'ail • 1 pâte brisée • 75 g de fromage râpé • 2 œufs • 15 cl de crème fraîche liquide • Beurre • Huile d'olive • Sel, poivre

1. Coupez les pholiotes en petits morceaux. Hachez l'ail.
2. Faites chauffer un mélange d'huile et de beurre dans une poêle et jetez-y les champignons avec l'oignon émincé et les lardons. Dès que les champignons commencent à dorer, coupez le feu, poivrez et ajoutez l'ail haché fin.
3. Battez ensemble les œufs et la crème, salez et poivrez.
4. Placez la pâte dans un moule à tarte, versez les champignons dessus, puis répartissez le mélange œufs-crème et couvrez de fromage râpé.
5. Enfournez à 200 °C (th. 6-7) pour 15 à 20 min, le temps que la quiche soit cuite.

FRICASSÉE
DE PIEDS-DE-MOUTON

Pour 4 personnes : une belle récolte de pieds-de-mouton • 2 échalotes • 1 gousse d'ail • 25 cl de crème fraîche liquide • Un peu d'huile d'olive • Sel, poivre

1. À la poêle, faites revenir les échalotes et l'ail émincés dans un filet d'huile d'olive.

2. Ajoutez les pieds-de-mouton coupés en lamelles et laissez cuire à feu vif le temps qu'ils rendent leur eau, en remuant souvent.

3. Baissez le feu, salez, poivrez, ajoutez un filet d'eau et laissez cuire encore une dizaine de minutes.

4. Si vous le souhaitez, ajoutez 25 cl de crème fraîche liquide, remuez bien et laissez cuire encore 5 min avant de servir. Avec des pâtes fraîches, c'est un régal !

SPAGETTIS
AU SPARASSIS CRÉPU

Pour 4 personnes : 500 g de sparassis crépu • 400 g de spaghetti • 20 cl de crème fraîche liquide • 15 cl de vin blanc • Huile d'olive • Sel, poivre

1. Après l'avoir fait blanchir, sortez le sparassis crépu à l'aide d'une écumoire et gardez l'eau de cuisson. Plongez-le dans l'eau froide, puis égouttez-le et coupez-le en morceaux.
2. Faites cuire les spaghetti dans l'eau de cuisson du sparassis.
3. Pendant ce temps, faites chauffer de l'huile d'olive dans une grande poêle pour y faire colorer les morceaux de sparassis, puis ajoutez le vin et la crème. Salez, poivrez, et faites réduire le tout à feu doux.
4. Quand les pâtes sont cuites *al dente*, égouttez-les et versez-les dans la poêle. Mélangez et servez aussitôt.

TRICHOLOMES
COULEUR DE TERRE EN MARINIÈRE

Pour 4 personnes : 800 g de tricholomes couleur de terre • 3 échalotes hachées • Le jus d'un demi-citron • 1 petit verre de vin blanc • Un peu de persil haché • 1 gousse d'ail • 100 g de beurre • Huile • 1 c. à s. de farine • Sel, poivre

1. Travaillez le beurre en pommade, ajoutez la gousse d'ail écrasée, le persil haché, puis la farine et mélangez intimement. Réservez.
2. Dans une casserole, faites revenir 5 min les champignons et les échalotes dans un mélange de beurre et d'huile. Salez, poivrez et versez le vin blanc et le jus de citron. Couvrez et cuisez à feu doux 20 min.
3. Égouttez les champignons au-dessus d'un récipient pour garder l'eau de cuisson. Remettez celle-ci dans la casserole, ajoutez le beurre persillé et amenez à ébullition en fouettant jusqu'à ce que la sauce soit légèrement liée.
4. Versez cette sauce sur les champignons et servez aussitôt.

OMELETTE AUX TRUFFES

Pour 4 personnes : 1 petite truffe fraîche • 8 œufs • Un peu de cognac • 1 gousse d'ail • Graisse de canard ou d'oie • 1 c. à s. d'huile • Sel, poivre

1. La veille, enfermez la truffe et les œufs dans une boîte fermée hermétiquement.
2. Le lendemain, émincez la truffe en belles lamelles et faites-les macérer 15 min dans du cognac.
3. Cuisez-les 5 min à la poêle avec un peu de graisse de canard. Prélevez cinq lamelles de truffe pour la garniture.
4. Battez ensemble les œufs, 1 c. à s. d'huile, l'ail haché, du sel et du poivre. Versez dans la poêle et faites cuire l'omelette à feu vif, puis roulez-la et décorez des lamelles de truffes avant de servir.

POÊLÉE DE LACTAIRES

Pour 4 personnes : 1 kg de lactaires • 2 gousses d'ail hachées • Un peu de persil • Vinaigre de vin • Huile d'olive • Sel, poivre

1. Mettez à chauffer un filet d'huile d'olive dans une grande poêle sur feu fort. Dès que l'huile est bien chaude, ajoutez les lactaires pour les faire dégorger. Remuez souvent et, dès que l'eau s'est évaporée, ajoutez l'ail haché et mélangez.
2. Versez 3 c. à s. de vinaigre, salez, poivrez généreusement et laissez bouillir 2 min.
3. Arrosez d'un filet d'huile d'olive, laissez cuire encore 5 min et ajoutez le persil haché. Servez bien chaud.

Acidophile : appréciant les stations acides.
Âcre : brûlant, piquant.
Adné : lames ou tubes fixés à angle droit sur le pied.
Aiguillon : petites protubérances en forme d'épine ou d'aiguille, caractéristiques de l'hyménium de certains champignons.
Alvéolé : pourvu d'alvéoles creuses (pied).
Anneau : membrane entourant le pied de certaines espèces après l'épanouissement du chapeau.
Arête : extrémité libre des lames.
Armille : voile partiel écailleux ou méchuleux formant une sorte de chaussette remontant sur le pied.
Bulbe : partie renflée située à la base du pied.
Calcicole : qui apprécie les terrains calcaires.
Campanulé : en forme de cloche.
Carpophore : partie reproductrice et visible du champignon (chapeau).
Caverneux : présentant des zones vides sans matière, visibles en coupe (pied).
Cérébriforme : aspect de cervelle, avec des circonvolutions.
Chiné : orné de dessins colorés disposés en zigzag sur fond de couleur différente.
Concolore : de la même couleur.
Cortine : voile tendu entre le pied et la marge du chapeau du jeune champignon.
Cuticule : pellicule recouvrant la face supérieure du chapeau.
Décurrent : lames, tubes ou aiguillons se prolongeant sur le pied.
Déliquescent : lames qui se liquéfient rapidement.
Denticulé : présentant de petites dents (lames).
Déprimé : plus ou moins creux.
Émarginé (échancré) : fixé sur le pied par une partie retrécie (lames).
Engainé : pied entouré d'une gaine.
Enroulée : marge très incurvée.
Excédent : dépassant du support (cuticule par rapport au chapeau).
Excorié : écorché en écailles.
Fasciculé : assemblé en touffes serrées de nombreux spécimens.
Fibreux : constitué de fibres.
Fibrilleux : couvert de filaments.
Fongique : relatif aux champignons.
Fugace : disparaissant rapidement (anneau, voile, cortine, pruine, etc).
Glabre : dépourvu de poils.
Gléba : masse fertile des espèces à corps fructifère (vesses-de-loup, truffes...).
Globuleux : en forme de sphère.
Glutineux : recouvert d'une substance plus ou moins collante.
Héliophile : se développant dans les endroits ensoleillés.
Hyalin : qui a la transparence du verre.
Hygrophane : qui change de couleur en fonction de l'humidité.
Hyménium : partie fertile qui porte les spores.

Inégal : lames entre lesquelles s'intercalent des lamelles et des lamellules.
Lacuneux : présentant de petites cavités internes ou externes.
Lait : latex sécrété par certains champignons.
Lame : élément situé sur la face inférieure du chapeau.
Lamelle : petite lame qui n'atteint pas le pied.
Lamellule : lamelle très courte située à la marge du chapeau.
Lancéolé : en forme de fer de lance allongé.
Lardacé : consistance qui rappelle celle du lard.
Libre : lames non fixées sur le pied.
Ligneux : de consistance ou de même nature que le bois.
Lignicole : qui pousse sur le bois.
Mamelonné : pourvu d'un mamelon.
Marge : bord du chapeau ou du bulbe.
Marginé : limité par un bourrelet net (bulbe) ; arête bordée d'une autre couleur que celle des faces (lame).
Méchuleux : orné de petites mèches.
Membraneux : très mince.
Mucilagineux : consistance épaisse et visqueuse.
Mycélium : partie végétative des champignons, constituée de fins filaments.
Mixte : bois mêlant feuillus et conifères.
Nitrophile : appréciant les lieux riches en matière azotée.
Obèse : très fortement ventru (pied).
Obtus : chapeau à extrémité arrondie.
Ombiliqué : présentant une dépression nettement délimitée et étroite.
Persistant : ne disparaissant pas avec l'âge (anneau, cortine, etc).
Pli : relief supportant l'hyménium chez les chanterelles.
Pore : extrémité des tubes des bolets et des polypores, les ouvrant à l'air libre.
Pruine : fine poussière recouvrant la cuticule.
Pubescent : couvert de poils fins.
Pulvérulent : qui se transforme en poussière.
Radicant : plus ou moins profondément enfoncé dans le substrat par une sorte de racine.
Réniforme : en forme de rein.
Réseau : lignes entrecroisées formant un maillage en surface. On dit alors que le pied est réticulé.
Scrobicule : fossette.
Sessile : dépourvu de pied.
Sinué : lames qui s'arrondissent en arrivant sur le pied.
Spore : élément reproducteur des champignons.
Sporée : dépôt massif de spores.
Squame : écaille épaisse.
Strié : orné de stries, généralement sans relief par opposition aux rides.
Tube : petit cylindre portant l'hyménium des bolets et des polypores.
Volve : enveloppe qui englobe la base du pied de certains champignons.
Zoné : chapeau présentant des veines concentriques de diverses couleurs.

Agaric champêtre 159
Agaric des forêts 162
Agaric des jachères 160
Agaric jaunissant 161
Agaric méléagre 163
Agaricus arvensis 160
Agaricus campestre 159
Agaricus praeclaresquamosus 163
Agaricus silvaticus 162
Agaricus xanthoderma 161
Agrocybe praecox 131
Aleuria aurantia 216
Amadouvier 202
Amania vaginata 173
Amanita caesarea 169
Amanita citrina 166
Amanita crocea 170
Amanita junquillea 167
Amanita muscaria 168
Amanita pantherina 171
Amanita phalloides 164
Amanita rubescens 172
Amanita spissa 174
Amanita strobiliformis 175
Amanita submembranacea 165
Amanita verna 177
Amanita virosa 176
Amanite à volve grise 165
Amanite citrine 166
Amanite des Césars 169
Amanite engainée 173
Amanite épaisse 174
Amanite jonquille 167
Amanite panthère 171
Amanite phalloïde 164
Amanite printanière 177
Amanite rougissante 172
Amanite safran 170
Amanite solitaire 175
Amanite tue-mouches 168
Amanite vireuse 176
Anthurus d'Archer 193
Armillaire couleur de miel 109
Armillaire sans anneau 110
Armillaria mellea 109
Armillaria tabescens 110
Auriculaire oreille-de-Judas 214
Auricularia auricula-judae 214
Bisporella citrina 239
Bisporelle jaune 239
Bolet à beau pied 15
Bolet à chair jaune 18
Bolet à pied rouge 11
Bolet bai 20
Bolet bronzé 12
Bolet de fiel 16
Bolet des bouviers 22
Bolet élégant 25
Bolet granuleux 24
Bolet orangé 9
Bolet poivré 21
Bolet pruineux 17
Bolet rude 8
Bolet Satan 10
Bolet subtomenteux 19
Boletus aereus 12
Boletus aestivalis 13
Boletus edulis 14
Bovista plumbea 179
Boviste plombée 179
Bulgaria inquinans 237
Bulgarie salissante 237
Caloboletus calopus 15
Calocera viscosa 215
Calocère visqueuse 215
Calocybe gambosa 101
Calvatia gigantea 182
Calvatie en outre 183

Cantharellus cibarius 184
Cèpe de Bordeaux 14
Cèpe d'été 13
Chalciporus piperatus 21
Chanterelle en tube 185
Chanterelle jaunissante 186
Clathrus archeri 193
Clavaire crépue 206
Clavaire dorée 207
Clavaire droite 209
Clavaire élégante 208
Clavaire en chou-fleur 211
Clavaire jaune 210
Clitocybe améthyste 92
Clitocybe blanchi 85
Clitocybe dealbata 85
Clitocybe de l'olivier 31
Clitocybe des feuilles 86
Clitocybe en entonnoir 90
Clitocybe géotrope 89
Clitocybe illusoire 30
Clitocybe laqué 91
Clitocybe nebularis 88
Clitocybe nébuleux 88
Clitocybe odora 87
Clitocybe odorant 87
Clitocybe orangé 29
Clitocybe phyllophila 86
Clitocybe renversé 104
Clitopile petite prune 139
Clitopilus prunulus 139
Collybie à pied en fuseau 77
Collybie beurrée 76
Collybie des chênes 74
Collybie radicante 79
Coprin chevelu 149
Coprin des bois 146
Coprin micacé 147
Coprin noir d'encre 148
Coprinellus micaceus 147
Coprinopsis atramentaria 148
Coprinus comatus 149
Coprinus silvaticus 146
Cortinaire à pied courbe 115
Cortinaire blanc-violet 114
Cortinaire couleur de rocou 116
Cortinaire jaune cannelle 117
Cortinaire ocre rouge 120
Cortinaire semi-sanguin 118
Cortinaire très élégant 122
Cortinaire très joli 119
Cortinaire triomphant 121
Cortinarius alboviolaceus 114
Cortinarius bolaris 120
Cortinarius caperatus 123
Cortinarius cinnamomeoluteus 117
Cortinarius elegantissimus 122
Cortinarius orellanus 116
Cortinarius semisanguineus 118
Cortinarius speciosissimus 119
Cortinarius torvus 115
Cortinarius triumphans 121
Craterellus cornucopioides 187
Craterellus lutescens 186
Craterellus tubaeformis 185
Cuphophyllus virgineus 81
Cyathe strié 178
Cyathus striatus 178
Cyclocybe cylindracea 130
Cystoderma amianthinum 80
Cystoderme amiantacé 80
Daedalea quercina 195
Daedaleopsis confragosa 194
Dédalée du chêne 195
Disciotis venosa 219
Elaphomyces granulatus 235
Entoloma clypeatum 142
Entoloma lividum 140

Entoloma rhodopolium 143
Entoloma sericeum 141
Entolome en bouclier 142
Entolome livide 140
Entolome rose et gris 143
Entolome soyeux 141
Fistulina hepatica 203
Fistuline hépatique 203
Fomes fomentarius 202
Galère marginée 126
Galerina marginata 126
Ganoderma applanatum 201
Ganoderme aplani 201
Géastre rougeâtre 190
Géastre sessile 191
Geastrum rufescens 190
Geastrum sessile 191
Girolle commune 184
Gomphide glutineux 26
Gomphidius glutinosus 26
Grifola frondosa 205
Gymnopile pénétrant 125
Gymnopilus penetrans 125
Gymnopilus spectabilis 124
Gymnopus dryophilus 74
Gymnopus fusipes 77
Gymnopus peronatus 75
Gyromitra esculenta 231
Gyromitre fausse morille 231
Handkea utriformis 183
Hebeloma crustuliniforme 112
Hebeloma mesophaeum 111
Hebeloma radicosum 113
Hébélome à centre brun 111
Hébélome croûte-de-pain 112
Hébélome radicant 113
Helvella crispa 223
Helvella leucomelaena 222
Helvelle blanche et noire 222
Helvelle crépue 223
Hemipholiota populnea 128
Hydne roux 189
Hydnum repandum 188
Hydnum rufescens 189
Hygrocybe conica 84
Hygrophore blanc de neige 81
Hygrophore blanc d'ivoire 82
Hygrophore conique 84
Hygrophore de mars 83
Hygrophoropsis aurantiaca 29
Hygrophorus eburneus 82
Hygrophorus marzuolus 83
Hymenopellis radicata 79
Hypholoma fasciculare 133
Hypholome en touffes 133
Imleria badia 20
Infundibulicybe geotropa 89
Infundibulicybe gibba 90
Inocybe à lames couleur de terre 137
Inocybe à odeur de poire 136
Inocybe de Patouillard 134
Inocybe erubescens 134
Inocybe fastigiata 135
Inocybe fastigié 135
Inocybe geophylla 137
Inocybe piriodora 136
Kuehneromyces mutabilis 127
Laccaria amethystina 92
Laccaria laccata 91
Lacrymaria lacrymabunda 145
Lactaire à lait brûlant 57
Lactaire à lait jaune 52
Lactaire à toison 51
Lactaire commun 61
Lactaire couleur de poix 63
Lactaire de l'épicéa 54
Lactaire délicieux 55
Lactaire muqueux 60

Lactaire plombé 62
Lactaire poivré 49
Lactaire pubescent 50
Lactaire sanguin 56
Lactaire tranquille 59
Lactaire très fauve 58
Lactaire vineux 53
Lactarius blennius 60
Lactarius chrysorrheus 52
Lactarius deliciosus 55
Lactarius deterrimus 54
Lactarius fulvissimus 58
Lactarius picinus 63
Lactarius piperatus 49
Lactarius plumbeus 62
Lactarius pubescens 50
Lactarius pyrogalus 57
Lactarius quietus 59
Lactarius sanguifluus 56
Lactarius torminosus 51
Lactarius trivialis 61
Lactarius vinosus 53
Leccinum aurantiacum 9
Leccinum scabrum 8
Lenzites betulina 197
Leotia lubrica 236
Léotie lubrique 236
Lepiota brunneo-incarnata 153
Lepiota clypeolaria 152
Lepiota cristata 150
Lepiota josserandii 151
Lépiote brun-incarnat 153
Lépiote crêtée 150
Lépiote déguenillée 157
Lépiote de Josserand 151
Lépiote de Konrad 156
Lépiote élevée 155
Lépiote en bouclier 152
Lépiote excoriée 154
Lépiote pudique 158
Lepista inversa 104
Lepista nuda 103
Lepista panaeolus 106
Lepista sordida 105
Leucoagaricus leucothites 158
Lycogala arboricole 240
Lycogala epidendron 240
Lycoperdon perlatum 181
Lycoperdon pratense 180
Lyophyllum decastes 102
Macrolepiota excoriata 154
Macrolepiota konradii 156
Macrolepiota procera 155
Macrolepiota rhacodes 157
Marasme à odeur d'ail 72
Marasme des Oréades 73
Marasme des ramilles 71
Marasme poivré 75
Marasmiellus ramealis 71
Marasmius alliaceus 72
Marasmius oreades 73
Meripilus giganteus 204
Morchella conica 228
Morchella crassipes 230
Morchella elata 229
Morchella esculenta 226
Morchella rotunda 227
Morchella semilibera 225
Morille à gros pied 230
Morille commune 226
Morille conique 228
Morille élevée 229
Morille ronde 227
Morillon 225
Mucidule visqueuse 78
Mycena epipterygia 70
Mycena galericulata 65
Mycena inclinata 66

Mycena polygramma 64
Mycena pura 69
Mycena rosea 68
Mycena sanguinolenta 67
Mycène à franges 70
Mycène à pied strié 64
Mycène en casque 65
Mycène incliné 66
Mycène pur 69
Mycène rose 68
Mycène sanguinolent 67
Neoboletus erythropus 11
Neobulgaria pura 238
Néobulgarie pure 238
Nonnette voilée 23
Omphalotus illudens 30
Omphalotus olearius 31
Oreille-de-lièvre 221
Otidea onotica 221
Oudemansiella mucida 78
Panaeolus papilionaceus 138
Panéole papilionacé 138
Paxille à pied noir 28
Paxille enroulé 27
Paxillus involutus 27
Peziza badia 218
Peziza vesiculosa 220
Pézize écarlate 217
Pézize noirâtre 218
Pézize orangée 216
Pézize veinée 219
Pézize vésiculeuse 220
Phalle impudique 192
Phallus impudicus 192
Pholiota squarrosa 129
Pholiote changeante 127
Pholiote destructrice 128
Pholiote du peuplier 130
Pholiote écailleuse 129
Pholiote précoce 131
Pholiote remarquable 124
Pholiote ridée 123
Pied-bleu 103
Pied-de-mouton 188
Piptoporus betulinus 200
Pleurote du panicaut 108
Pleurote en forme d'huître 107
Pleurotus eryngii 108
Pleurotus ostreatus 107
Plutée du cerf 144
Pluteus cervinus 144
Polypore bossu 199
Polypore du bouleau 200
Polypore en touffe 205
Polypore géant 204
Polypore versicolore 198
Psathyrelle veloutée 145
Pseudohydnum gelatinosum 213
Ptychoverpa bohemica 224
Pycnoporus cinnabarinus 196
Ramaria aurea 207
Ramaria botrytis 211
Ramaria flava 210
Ramaria formosa 208
Ramaria stricta 209
Rhodocollybia butyracea 76
Rubroboletus satanas 10
Russula aeruginea 45
Russula cyanoxantha 46
Russula emetica 39
Russula fellea 35
Russula foetens 34
Russula lepida 40
Russula mustelina 44
Russula nigricans 47
Russula olivacea 37
Russula sanguinea 42
Russula sardonia 43

Russula vesca 38
Russula virescens 48
Russula xerampelina 41
Russule charbonnière 46
Russule comestible 38
Russule couleur de belette 44
Russule de fiel 35
Russule émétique 39
Russule fétide 34
Russule feuille morte 41
Russule jolie 40
Russule noircissante 47
Russule noircissante 47
Russule ocre et blanche 36
Russule olivâtre 37
Russule sanguine 42
Russule sardoine 43
Russule verdoyante 48
Russule vert-de-gris 45
Sarcocyphea coccinea 217
Scleroderma citrinum 33
Scleroderma verrucosum 32
Scléroderme commun 33
Scléroderme verruqueux 32
Sparassis crispa 206
Strophaire vert-de-gris 132
Stropharia aeruginosa 132
Suillus bovinus 22
Suillus granulatus 24
Suillus grevillei 25
Suillus luteus 23
Tapinella atrotomentosa 28
Tramète du bouleau 197
Tramète rouge cinabre 196
Tramète rougissant 194
Trametes gibbosa 199
Trametes versicolor 198
Tremella mesenterica 212
Trémelle gélatineuse 213
Trémelle mésentérique 212
Tricholoma argyraceum 94
Tricholoma auratum 100
Tricholoma columbetta 93
Tricholoma equestre 99
Tricholoma pardinum 96
Tricholoma portentosum 97
Tricholoma saponaceum 98
Tricholoma terreum 95
Tricholome agrégé 102
Tricholome à odeur de savon 98
Tricholome argenté 94
Tricholome argouane 106
Tricholome colombette 93
Tricholome de la Saint-Georges 101
Tricholome doré 100
Tricholome équestre 99
Tricholome prétentieux 97
Tricholome sordide 105
Tricholome terreux 95
Tricholome tigré 96
Trompette des morts 187
Truffe d'été 234
Truffe de Bourgogne 233
Truffe des cerfs 235
Truffe noire 232
Tuber aestivum 234
Tuber melanosporum 232
Tuber uncinatum 233
Tylopilus felleus 16
Verpe de Bohême 224
Vesse-de-loup des prés 180
Vesse-de-loup géante 182
Vesse-de-loup perlée 181
Xerocomellus chrysenteron 18
Xerocomellus pruinatus 17
Xerocomus subtomentosus 19
Xylaire du bois 241
Xylaria hypoxylon 241

Carpaccio d'amanites des Césars 262
Coulemelles panées 273
Crème de faux mousserons 267
Fricassée de pieds-de-mouton 275
Omelette aux coprins 266
Omelette aux truffes 278
Penne aux girolles 272
Poêlée de cèpes à l'ail et au persil 265
Poêlée de lactaires 279
Pommes de terre aux cèpes à la périgourdine 264
Quiche aux pholiotes du peuplier 274
Risotto aux pholiotes ridées 271
Rôti de porc aux trompettes des morts 268
Sauce à la crème et aux morilles 269
Spaghetti au sparassis crépu 276
Tagliatelles aux amanites rougissantes 263
Tartinade aux russules 270
Tricholomes couleur de terre en marinière 277